Jonathan MUKUMBETE SELEMANI

À L'ÉCOLE DE LA NATURE

Jonathan **MUKUMBETE SELEMANI**

À L'ÉCOLE DE LA NATURE

La nature elle-même ne vous enseigne-t-elle pas ?

Éditions Croix du Salut

Publisher:
Éditions Croix du Salut
is a trademark of
Dodo Books Indian Ocean Ltd. and OmniScriptum S.R.L publishing group

120 High Road, East Finchley, London, N2 9ED, United Kingdom
Str. Armeneasca 28/1, office 1, Chisinau MD-2012, Republic of Moldova, Europe
Printed at: see last page
ISBN: 978-620-6-17059-4

À L'ÉCOLE DE LA NATURE

« La nature elle-même ne vous enseigne-t-elle pas ? »

Job 12 :7-8 : "Interroge les bêtes, elles t'instruiront ; Les oiseaux des cieux, ils te l'apprendront ; ...".

MUKUMBETE SELEMANI Jonathan
jonathanselemani94@gmail.com

TABLE DES MATIERES

INTRODUCTION

Le livre à l'école de la nature, est une métaphore puissante qui traverse les siècles. Chaque chapitre de ce livre, chaque élément de la création, est une page tournée par le Créateur. De la plus petite bactérie à la plus grande galaxie, tout témoigne de l'ingéniosité et de la beauté divine.

L'Homme, en tant que lecteur privilégié de ce livre, a la responsabilité de déchiffrer les messages qui y sont inscrits. Mais il est aussi un acteur, appelé à participer à la grande œuvre de la création.

La nature, un miroir de Dieu

La nature, œuvre de Dieu, reflète Sa grandeur, Sa sagesse et Son amour. En contemplant la nature, nous contemplons, en quelque sorte, le visage de Dieu. La beauté d'un coucher de soleil, la sérénité d'un lac, la force d'un orage, tout cela nous rappelle l'infinie puissance du Créateur.

Chaque saison est un nouveau chapitre, chaque écosystème un genre littéraire différent.
La nature est un livre vivant, qui s'écrit et se réécrit sans cesse, Les êtres humains sont à la fois des lecteurs et des co-auteurs de cette histoire.

Une bibliothèque infinie : La nature, c'est bien plus qu'un simple livre. C'est une bibliothèque infinie, où chaque espèce, chaque minéral, chaque phénomène météorologique constitue un volume unique. Chaque forêt, chaque océan, chaque montagne est une section de cette bibliothèque, offrant une multitude de récits et de perspectives.

Un livre interactif : À la différence d'un livre traditionnel, la nature est un livre interactif. Nous ne sommes pas de simples lecteurs, mais des acteurs qui peuvent influencer l'histoire. Nos actions, qu'elles soient positives ou négatives, ont un impact sur l'évolution de la nature.

Un livre en constante réécriture : La nature est dynamique, elle évolue sans cesse. Les espèces apparaissent et disparaissent, les paysages se transforment. C'est un livre qui s'écrit et se réécrit au fil du temps, sous l'influence de facteurs naturels et humains.

Le langage de la nature

La nature communique à travers des symboles, des cycles, des rythmes. Décoder ces messages nécessite une attention particulière et une ouverture d'esprit.

Un langage universel : Le langage de la nature est un langage universel, compris par tous les êtres vivants. Il se manifeste à travers les cycles naturels (jour et nuit, les saisons), les comportements animaux, les formes géométriques des cristaux...

Un langage symbolique : La nature utilise un langage symbolique riche. Les arbres, par exemple, symbolisent la croissance, la force, la sagesse. L'eau représente la vie, le changement, la purification.

Un langage qui demande à être déchiffré : Pour comprendre le langage de la nature, il faut développer une sensibilité particulière, une capacité à observer, à écouter et à ressentir. C'est un apprentissage qui demande du temps et de la patience.

La nature comme révélateur de Dieu

La complexité et la beauté de la création témoignent de l'infinie sagesse de Dieu. La nature est un lieu de rencontre entre le visible et l'invisible, le matériel et le spirituel.

Une preuve de l'existence de Dieu : Pour beaucoup, la nature est une preuve tangible de l'existence d'un créateur intelligent. La complexité et l'harmonie de l'univers témoignent d'une conception supérieure.

Un miroir de l'âme divine : En contemplant la nature, nous pouvons entrevoir une partie de la beauté et de la grandeur de Dieu. La nature devient alors un miroir de l'âme divine.

Un lieu de rencontre avec le sacré : La nature a toujours été un lieu de culte et de spiritualité pour de nombreuses cultures. C'est un espace où l'homme peut se sentir plus proche du divin.

Les Leçons de la Nature

Les enseignements de la Bible :

La Bible, elle aussi, nous invite à observer la nature. De nombreux passages évoquent la création, les cycles naturels, et les leçons que nous pouvons en tirer. Par exemple, le livre de Job nous rappelle la puissance et la sagesse de Dieu à travers les merveilles de la nature.

Les vertus à cultiver :

La nature nous enseigne de nombreuses vertus : la patience, la persévérance, la gratitude, l'humilité. L'observation d'un arbre qui résiste aux tempêtes nous enseigne la persévérance. La contemplation d'un ciel étoilé suscite en nous un sentiment de gratitude envers le Créateur. Ces vertus, que la nature nous révèle avec tant d'évidence, sont également célébrées dans la Bible. Le psalmiste, par exemple, exprime sa gratitude envers Dieu en contemplant les œuvres de sa main : « Les cieux racontent la gloire de Dieu, et le firmament proclame l'œuvre de ses mains » (Psaume 19.1).

L'interconnexion de tout :

La nature nous montre que tout est lié. Les êtres humains font partie intégrante de cet écosystème. La Bible nous rappelle que nous sommes créés à l'image de Dieu et que nous avons donc une responsabilité envers la création.

Un Appel à l'Action

La crise écologique : Malheureusement, l'Homme a souvent oublié ces liens sacrés. La crise écologique actuelle en est la triste illustration.

Un renouveau : Il est temps de renouer avec la nature, de la respecter et de la protéger. En nous reconnectant à la nature, nous nous reconnectons aussi à Dieu et à nous-mêmes. La pratique de la méditation dans la nature, par exemple, peut nous aider à retrouver un sentiment de paix intérieure et à renforcer notre lien avec le monde naturel.

Un appel à l'action : Ce livre vous invite à devenir un acteur du changement. En adoptant des comportements plus respectueux de l'environnement, vous contribuez à préserver notre planète pour les générations futures. Planter un arbre, réduire votre consommation d'énergie, trier vos déchets, …

Idée du langage symbolique de la nature :

Les arbres, par exemple, sont porteurs de nombreux symboles. Ils représentent la croissance, la force, la sagesse et la connexion entre le ciel et la terre. Leurs racines plongées dans la terre symbolisent nos liens avec nos ancêtres et avec la terre nourricière. Leur tronc droit évoque la colonne vertébrale, l'axe central de notre être. Et leurs branches étendues vers le ciel nous rappellent notre aspiration à la lumière et à l'infini.

Les leçons de la nature

La nature, dans toute sa diversité et sa complexité, nous offre un enseignement inestimable. Elle est un véritable maître à penser, nous révélant des vérités profondes sur nous-mêmes et sur le monde qui nous entoure.

Les vertus à cultiver

Au-delà des connaissances scientifiques que nous pouvons en tirer, la nature nous invite à cultiver certaines vertus essentielles :

La patience : La nature nous enseigne la patience à travers les cycles des saisons, la croissance lente d'un arbre ou la métamorphose d'un papillon. Elle nous rappelle que certaines choses ont besoin de temps pour se réaliser.

La persévérance : Face aux éléments naturels, les êtres vivants font preuve d'une incroyable persévérance. Les arbres s'enracinent profondément dans la terre pour résister aux tempêtes, les oiseaux migrent sur des milliers de kilomètres pour trouver de meilleures conditions de vie.

La gratitude : La nature nous offre chaque jour de multiples bienfaits : l'air que nous respirons, l'eau que nous buvons, la nourriture que nous consommons. Cultiver la gratitude envers la nature, c'est reconnaître notre dépendance envers elle et notre place dans le grand cycle de la vie.

L'humilité : Face à l'immensité de la nature, nous comprenons notre petitesse et notre place dans l'univers. L'humilité nous permet d'adopter une attitude respectueuse envers le monde qui nous entoure.

Les vices à éviter

Par contraste, la nature nous montre également les conséquences de nos actes lorsque nous ne respectons pas ses lois.

La cupidité : L'exploitation excessive des ressources naturelles entraîne des déséquilibres écologiques et met en péril la survie de nombreuses espèces.

L'orgueil : Croire que nous sommes supérieurs à la nature et que nous pouvons la dominer à notre guise est une grave erreur. L'histoire nous a montré à maintes reprises les conséquences désastreuses de cette attitude.

Les paraboles de la nature

La nature est une source inépuisable de paraboles. Chaque phénomène naturel peut être interprété comme une métaphore de la condition humaine.

Le grain de blé qui meurt pour donner du fruit : Cette parabole biblique trouve un écho dans la nature. De nombreuses plantes meurent en donnant naissance à de nouvelles générations. C'est un cycle de vie et de mort qui se répète sans cesse.

Le berger qui cherche sa brebis perdue : Cette image évoque la sollicitude de Dieu pour chacun de ses enfants. Elle nous rappelle que même les plus petits éléments de la création ont de la valeur aux yeux du Créateur.

Exemples concrets illustrant chaque vertu et chaque vice

Patience :

La croissance d'un arbre : Un chêne met des décennies pour atteindre sa taille adulte. Cette lenteur nous invite à la patience et à la persévérance.

La métamorphose d'un papillon : Le processus de transformation d'une chenille en papillon est un symbole de patience et de résilience.

Persévérance :

Les migrations des oiseaux : Les oiseaux migrateurs parcourent des milliers de kilomètres pour trouver des climats plus cléments. Leur détermination est un exemple de persévérance face aux défis.

Les racines des plantes : Les racines des plantes s'enfoncent profondément dans le sol pour chercher l'eau et les nutriments, démontrant une force et une ténacité remarquables.

Gratitude :

L'eau : Essentielle à toute forme de vie, l'eau nous rappelle notre dépendance envers la nature.

La lumière du soleil : La lumière du soleil, source d'énergie pour toute vie sur Terre, est un don que nous recevons chaque jour.

Humilité :

L'immensité de l'univers : Face à l'immensité de l'univers, nous réalisons notre petitesse et notre place dans le cosmos.

La complexité d'un écosystème : Chaque écosystème est un réseau complexe d'interactions entre les êtres vivants. Nous ne sommes qu'un maillon de cette chaîne.

Cupidité :

La déforestation : La destruction des forêts pour faire place à l'agriculture ou à l'exploitation forestière entraîne la perte de la biodiversité et le dérèglement climatique.

La pollution des océans : Le rejet de déchets plastiques dans les océans menace la faune marine et perturbe les écosystèmes marins.

Orgueil :

Les catastrophes naturelles : Les catastrophes naturelles nous rappellent notre vulnérabilité face aux forces de la nature.

Les espèces en voie de disparition : La disparition d'espèces est souvent liée à l'arrogance humaine qui croit pouvoir dominer la nature.

Liens avec les Écritures

Le livre de la Genèse : Ce livre raconte la création du monde et invite l'homme à cultiver et à garder le jardin d'Éden.

Les Psaumes : De nombreux psaumes célèbrent la beauté et la grandeur de la création divine.

Les Prophètes : Les prophètes ont souvent utilisé la nature comme métaphore pour parler de Dieu et de la condition humaine.

Le Nouveau Testament : Jésus utilise fréquemment des images tirées de la nature pour illustrer ses enseignements (le grain de blé qui meurt pour donner du fruit, le berger qui cherche sa brebis perdue...).

Dimensions spirituelles

La nature comme lieu de rencontre avec le sacré : De nombreuses cultures ont considéré la nature comme un lieu sacré, où l'homme pouvait entrer en communion avec le divin.

La nature comme révélateur de l'âme : En contemplant la nature, nous pouvons trouver des réponses à nos questions existentielles et approfondir notre compréhension de nous-mêmes.

La nature comme source d'inspiration artistique et spirituelle : L'art, la musique, la poésie... toutes ces expressions créatives ont souvent puisé leur inspiration dans la nature.

La nature est bien plus qu'un simple environnement. C'est un livre ouvert, un maître à penser, un lieu de spiritualité. En nous reconnectant à elle, nous pouvons retrouver un sens à notre existence et contribuer à bâtir un avenir plus durable.

La nature, un miroir des croyances

Depuis la nuit des temps, les hommes ont établi des liens profonds avec la nature. Cette relation, souvent teintée de spiritualité, a façonné les croyances, les mythes et les pratiques de chaque culture. La nature était à la fois un lieu de vie, une source de nourriture et un objet de vénération.

Les religions animistes : Pour de nombreuses cultures animistes, chaque élément de la nature (arbres, rivières, montagnes) possède une âme et est doté de pouvoirs. Ces esprits sont vénérés et apaisés à travers des rituels et des offrandes. **La Bible** fait également référence à des esprits de la nature, comme les divinités cananéennes Baal et Ashéra, que les Israélites étaient invités à rejeter pour se tourner vers le seul vrai Dieu.

Les religions polythéistes : Les Grecs, les Romains et les Égyptiens, par exemple, ont divinisé les forces de la nature. Les dieux étaient associés aux éléments (Zeus pour le ciel, Poséidon pour la mer) et les phénomènes naturels (Déméter pour l'agriculture). **L'Ancien Testament** dénonce ces pratiques polythéistes, affirmant l'unicité de Dieu, créateur de toutes choses.

Les religions monothéistes : Le judaïsme, le christianisme et l'islam, tout en affirmant l'unicité de Dieu, reconnaissent la beauté et la grandeur de la création divine. La **Bible** et le **Coran** invitent les croyants à prendre soin de la nature et à la considérer comme un don de Dieu.

L'évolution de la relation homme-nature

Au fil des siècles, la relation entre l'homme et la nature a évolué. L'avènement de l'agriculture, la révolution industrielle et l'urbanisation ont progressivement modifié notre perception de l'environnement.

La domination de la nature : Pendant longtemps, l'homme s'est considéré comme le maître de la nature, avec pour mission de la soumettre et de l'exploiter. Cette vision anthropocentrique a conduit à une exploitation intensive des ressources naturelles.

Le retour à la nature : Depuis quelques décennies, on assiste à un renouveau de l'intérêt pour la nature. Les mouvements écologistes et spirituels prônent un retour à une relation plus harmonieuse avec l'environnement.

Les enseignements bibliques

La **Bible** offre une vision équilibrée de la relation entre l'homme et la nature. D'une part, elle invite l'homme à dominer la terre (Genèse 1:28), mais d'autre part, elle souligne la nécessité de la préserver et de la cultiver avec soin (Genèse 2:15).

Le jardin d'Éden : Le jardin d'Éden est souvent présenté comme un idéal de relation harmonieuse entre l'homme et la nature.

Le sabbat : Le sabbat est un jour de repos consacré à Dieu et à la contemplation de la création.

Les paraboles de Jésus : Jésus utilise fréquemment des images tirées de la nature pour illustrer ses enseignements (le grain de blé qui meurt pour donner du fruit, la vigne et les sarments...).

La relation entre l'homme et la nature est un thème universel qui a traversé les siècles et les cultures. Si les perceptions et les pratiques ont évolué, la nature reste une source d'inspiration, de spiritualité et de vie pour l'humanité.

La nature, une source inépuisable d'inspiration

Depuis les peintures rupestres jusqu'aux œuvres d'art contemporain, la nature a toujours été une source d'inspiration majeure pour les artistes. Les paysages, les animaux, les plantes, les éléments naturels... autant de motifs qui ont alimenté l'imaginaire des créateurs à travers les siècles.

La Bible, un hymne à la création

La Bible regorge de descriptions de la nature qui témoignent de la beauté et de la grandeur de l'œuvre divine. Les récits de la création, les psaumes et les prophéties sont autant d'invitations à contempler la nature comme une manifestation de la gloire de Dieu.

Le jardin d'Éden : Ce paradis terrestre est décrit comme un lieu de beauté et d'harmonie, où l'homme vivait en parfaite communion avec la nature.

Les psaumes : Les psalmistes célèbrent la grandeur de Dieu à travers les merveilles de la création : les cieux, la mer, les montagnes, les animaux...

Les paraboles de Jésus : Jésus utilise fréquemment des images tirées de la nature pour illustrer ses enseignements (le grain de blé qui meurt pour donner du fruit, la vigne et les sarments...).

En contemplant la nature, nous contemplons une œuvre d'art divine, un livre sans fin où chaque page révèle un peu plus de la beauté et de la complexité de la création. La nature est notre premier maître, notre premier temple, notre premier livre. Elle nous enseigne la patience, la persévérance, la gratitude et l'humilité. Elle nous rappelle notre place dans l'univers et notre responsabilité envers les générations futures. En prenant soin de la nature, nous prenons soin de nous-mêmes et de notre planète. C'est en renouant avec ce lien profond que nous pourrons construire un avenir où l'homme et la nature vivent en harmonie.

« Je vous invite à ouvrir grand les yeux et à écouter les murmures de la nature. Quels sont les enseignements que vous avez tirés de vos rencontres avec le monde naturel ? En partageant vos expériences, nous enrichissons tous ensemble ce dialogue avec la création. »

Je vous souhaite de savourer pleinement les riches heures que vous passerez en compagnie de cet ouvrage exceptionnel.

CHAPITRE 1

LA TRANSFORMATION AU MODÈLE DU PAPILLON :
Du cocon à l'envol, de l'envol au Pollinisateur

Job 12 :7,8

Interroge les bêtes, elles t'instruiront, Les oiseaux du ciel, ils te l'apprendront ; …

Ésaïe 1:3

Le bœuf connaît son possesseur, Et l'âne la crèche de son maître : Israël ne connaît rien, Mon peuple n'a point d'intelligence.

<u>Matthieu 6:26</u>

Regardez les oiseaux du ciel : ils ne sèment ni ne moissonnent, et ils n'amassent rien dans des greniers; et votre Père céleste les nourrit. Ne valez-vous pas beaucoup plus qu'eux ?

De tout temps, l'Homme a porté son regard vers la nature, tantôt avec émerveillement, tantôt avec crainte. Un livre immense s'offrait à lui, où chaque page, chaque élément, chaque cycle, révélait un pan de l'univers. Des plus hautes cimes aux plus profondes abysses, la nature nous invite à une exploration sans fin, à une quête de sens.

Chaque arbre, chaque rivière, chaque caillou, est un enseignant patient, prêt à nous transmettre ses leçons. La forêt, par exemple, nous rappelle l'importance de l'interconnexion, de l'équilibre et de la coopération. L'océan, quant à lui, nous enseigne la force, la résilience et l'adaptabilité. Et les montagnes, fières et immuables, nous invitent à persévérer et à surmonter les obstacles.

En observant attentivement le monde naturel, nous éveillons nos sens, nous affinons notre intuition et nous retrouvons un lien profond avec nous-mêmes et avec le monde qui nous entoure. Ce livre vous propose un voyage au cœur de la nature, une exploration de ses merveilles et de ses mystères. À travers des exemples concrets et des récits inspirants, vous découvrirez comment la nature peut nous guider, nous inspirer et nous aider à construire un avenir plus durable.

En vous reconnectant à la sagesse ancestrale de la nature, vous prendrez conscience de votre place dans le grand cycle de la vie et vous vous sentirez partie intégrante d'un tout. Alors, ouvrez grand vos sens, laissez-vous guider par votre curiosité et embarquez pour cette aventure extraordinaire au cœur de la nature."

En s'inspirant des versets bibliques cités ci-haut, voyons ensemble des grandes leçons que nous pouvons tirés à partir de la vie du papillon.

La transformation : notions générales

Romains 12 :2

Ne vous conformez pas au siècle présent, mais soyez transformés par le renouvellement de l'intelligence, afin que vous discerniez quelle est la volonté de Dieu, ce qui est bon, agréable et parfait.

2 Corinthiens 5 :17

Si quelqu'un est en Christ, il est une nouvelle créature. Les choses anciennes sont passées ; voici, toutes choses sont devenues nouvelles.

Éphésiens 4 :22-24

Eu égard à votre vie passée, du vieil homme qui se corrompt par les convoitises trompeuses, à être renouvelés dans l'esprit de votre intelligence, et à revêtir l'homme nouveau, créé selon Dieu dans une justice et une sainteté que produit la vérité.

« Or, le Seigneur c'est l'Esprit ; et là où est l'Esprit du Seigneur, là est la liberté. Nous tous qui, le visage découvert, contemplons comme dans un miroir la gloire du Seigneur, nous sommes transformés en la même image, de gloire en gloire, comme par le Seigneur, l'Esprit. » (1 Corinthiens 3 :17-18)

Ézéchiel 18 :31

Rejetez loin de vous toutes les transgressions par lesquelles vous avez péché ; faites-vous un cœur nouveau et un esprit nouveau. Pourquoi mourriez-vous, maison d'Israël ?

Ézéchiel 36 :26

Je vous donnerai un cœur nouveau, et je mettrai en vous un esprit nouveau ; j'ôterai de votre corps le cœur de pierre, et je vous donnerai un cœur de chair.

Colossiens 1 :21-22

Et vous, qui étiez autrefois étrangers et ennemis par vos pensées et par vos mauvaises œuvres, il vous a maintenant réconciliés par sa mort dans le corps de sa chair, pour vous faire paraître devant lui saints, irrépréhensibles et sans reproche,

Avant de développer les notions sur la transformation, en s'inspirant du processus de transformation, nous allons faire une étude déductive, Le passage du général au particulier est une méthode de pensée qui consiste à partir d'une loi générale, d'un principe ou d'une théorie pour en tirer des conclusions spécifiques à un cas particulier.

Ceci étant, nous allons comprendre ce que c'est la transformation, puis nous servir de cette métaphore pour tirer des leçons que, le papillon nous enseignerait sur la transformation radicale, disséquons le mot transformation pour en savoir plus.

Pour savoir ce qu'est la transformation, il vaudrait à priori comprendre ce qu'elle n'est pas.

Ce que la transformation n'est pas

La transformation n'est pas le changement

Un changement, c'est toute modification, ou évolution qui survient au sein d'un système, d'une situation ou d'un état.

Le changement vous offre un choix, une possibilité de retourner à l'ancienne forme, l'ancien état, ou la situation initiale.

La transformation n'est par conséquent pas : la mue, la modification, la mutation, changement, remplacement, métamorphose, le tableau ci-dessous nous en dit plus.

Bien que ces termes soient souvent utilisés de manière interchangeable, il existe des nuances subtiles de sens entre eux :

Voici un tableau récapitulatif pour illustrer les différences :

Mot	Definition	Exemples
Transformation	Changement profond et complet • Changement profond et complet de la nature, de l'apparence ou de la fonction de quelque chose. • Implique une modification fondamentale et radicale qui donne lieu à quelque chose de nouveau et de distinct.	Chenille en papillon, industrie par l'informatique

Changement	Passage d'un état à un autre • Passage d'un état à un autre. • Peut-être plus général et moins important qu'une transformation.	Changement de temps, d'adresse, d'avis
Modification	Altération d'une chose existante • Implique généralement un ajustement ou une adaptation, mais pas une transformation complète.	Modifier une loi, une photo, une recette
Remplacement	Mettre quelque chose de nouveau à la place de quelque chose d'ancien • Action de mettre quelque chose de nouveau à la place de quelque chose d'ancien. • Ne signifie pas nécessairement une transformation ou un changement de nature.	Remplacer une ampoule, une voiture, un employé
Métamorphose	Transformation physique dramatique d'un organisme vivant • Transformation physique dramatique et souvent irréversible d'un organisme vivant, en particulier un insecte. • Implique généralement un changement de forme, de structure et de fonction.	Larve en papillon, têtard en grenouille
Mue	Perte de la couche externe rigide d'un animal • Perte de la couche externe rigide d'un animal, comme la peau d'un serpent ou le squelette externe d'un insecte. • Permet à l'animal de grandir et de se développer.	Mue d'un serpent, d'un crabe

La transformation selon la Bible est un processus profond et multidimensionnel qui implique un changement complet de notre être, en nous conformant de plus en plus à l'image de Jésus-Christ. Ce n'est pas simplement une question de modification de notre comportement ou de nos habitudes, mais une transformation de notre cœur, de notre esprit et de notre âme.

La Bible nous enseigne que cette transformation est possible grâce à l'œuvre du Saint-Esprit dans nos vies. Lorsque nous acceptons Jésus-Christ comme notre Sauveur et Seigneur, nous recevons le Saint-Esprit, qui commence à nous renouveler et à nous conformer à l'image de Dieu.

Quelques principes clés de la transformation biblique

La repentance et la foi : La transformation commence par la repentance, c'est-à-dire le fait de reconnaître et de se détourner de nos péchés. Nous devons ensuite placer notre foi en Jésus-Christ, en croyant qu'il est mort pour nos péchés et qu'il est ressuscité des morts.

Le renouvellement de l'esprit : La Bible nous encourage à renouveler notre esprit par la lecture et la méditation de la Parole de Dieu. En nourrissant notre esprit avec la vérité de Dieu, nous pouvons commencer à voir le monde d'un nouveau point de vue et à prendre des décisions en accord avec la volonté de Dieu.

Le pouvoir du Saint-Esprit : Le Saint-Esprit joue un rôle crucial dans notre transformation. Il nous donne la force de vivre une vie sainte, nous aide à vaincre nos péchés et nous guide dans la volonté de Dieu.

La communion avec d'autres croyants : La communauté chrétienne est essentielle à notre transformation. En nous entourant d'autres croyants qui nous encouragent et nous soutiennent, nous pouvons grandir dans notre foi et être transformés à l'image de Christ.

Quelques versets bibliques clés sur la transformation :

Romains 12 :2 : "Ne vous conformez pas au siècle présent, mais soyez transformés par le renouvellement de l'intelligence, afin que vous discerniez quelle est la volonté de Dieu, ce qui est bon, agréable et parfait."

2 Corinthiens 5 :17 : "Si quelqu'un est en Christ, il est une nouvelle créature. Les choses anciennes ont disparu ; l'ère nouvelle est déjà là."

Éphésiens 4 :22-24 : "A vous débarrasser du vieil homme, corrompu par ses convoitises trompeuses, et à vous revêtir de l'homme nouveau, créé selon Dieu dans la justice et une sainteté véritables."

Philippiens 2 :5-11 : "Ayez-en vous les mêmes sentiments qui étaient en Christ-Jésus, lui qui, ayant la nature de Dieu, n'a pas voulu garder jalousement son égalité avec Dieu, mais s'est dépouillé lui-même, se faisant serviteur, prenant la forme d'un homme, et s'abaissant jusqu'à la mort, même à la mort de la croix. C'est pourquoi Dieu l'a souverainement élevé et lui a donné un nom qui est au-dessus de tout nom, afin qu'au nom de Jésus tout genou fléchisse, dans les cieux, sur la terre et sous la terre, et que toute langue confesse que Jésus-Christ est Seigneur, à la gloire de Dieu le Père."

Ce quoi la transformation ?

La transformation biblique est un voyage qui dure toute la vie. Il y aura des moments de hauts et de bas, mais avec la persévérance et la foi en Dieu, nous pouvons être transformés à l'image de Jésus-Christ et vivre une vie pleine de sens et de joie.

DU COCON A L'ENVOL, DE L'ENVOL AU POLLINISATEUR

Fig 1 : image d'un papillon adulte

Voilà le premier élément de la nature, un excellent professeur de la vie en matière de la transformation radicale, serrez vos ceintures, car cette créature va nous inspirer des grandes révélations sur la transformation.

D'abord au départ, cette créature ne s'appelle pas papillon, elle est une chenille qui grandit, se nourrit beaucoup et se développe pour, plus tard, s'envelopper dans un cocon. Elle deviendra alors une chrysalide et passera 2 à 4 semaines dans ce cocon où elle va se transformer progressivement en papillon. Puis enfin le papillon sortira de sa chrysalide. Puis la pollinisation interviendra

Allégorie :

"Tout comme la chenille se transforme en papillon, nous pouvons, grâce à la foi, connaître une transformation profonde et devenir de nouvelles créatures en Christ.", mais y arriver il faut :

A) Il faut naître

La nécessité de naître de nouveau : un concept fondamental

Pour comprendre la transformation spirituelle, il est essentiel de saisir l'idée de la nouvelle naissance. Cette notion suggère que l'être humain, dans son état naturel, n'est pas prêt à accéder à la dimension spirituelle. Il a besoin d'une régénération intérieure, d'une transformation radicale pour pouvoir entrer en relation avec Dieu.

Jean 3 :3 : "Jésus lui répondit : En vérité, en vérité, je te le dis, si un homme ne naît de nouveau, il ne peut voir le royaume de Dieu."

Jean 3 :5 : "Jésus répondit : En vérité, en vérité, je te le dis, si un homme ne naît d'eau et d'Esprit, il ne peut entrer dans le royaume de Dieu."

Ces versets de l'Évangile de Jean expriment clairement l'idée que la transformation spirituelle, c'est-à-dire l'entrée dans le royaume de Dieu, est conditionnée par une nouvelle naissance. Cette naissance n'est pas simplement une renaissance physique, mais une régénération spirituelle opérée par le Saint-Esprit.

Comment pouvons-nous donc naître ?

C'est simple, pour Fortiori naître il faut à priori mourir.

Qui est né une fois, mourra deux fois, et celui qui est né deux fois mourra une fois.

Explication :

Si tu es né une fois, c'est-à-dire la naissance naturelle, tu mourras, d'abord de la mort naturelle et de la mort éternelle, mais celui qui est né deux fois, c'est-à-dire la naissance naturelle et la nouvelle naissance en Jésus christ ne mourra qu'une seule fois, la mort naturelle et ce qui est bien dans tout ça, est que même quand il sera mort, il ne sera pas mort, il se reposera

Le papillon : une métaphore de la transformation

Le cycle de vie du papillon, de l'œuf à la chenille, puis à la chrysalide et enfin au papillon, offre une image saisissante de cette transformation. La chenille, enfermée dans sa chrysalide, semble mourir pour renaître sous une forme totalement différente. De même, le chrétien, par le salut, le baptême et la foi, meurt à son "ancien homme" pour renaître à une nouvelle vie en Christ.

Dans ce livre nous serons en train de revenir sur trois éléments qui font même un résumé des étapes de la transformation spirituelle :

Mort à soi-même : Renoncer à ses péchés, à ses désirs égoïstes et à sa propre justice.
Résurrection : Être ressuscité à une nouvelle vie en Christ, par l'action du Saint-Esprit. Puis commencer le processus pour finir par subir la transformation.
Transformation : Subir une transformation intérieure profonde, se conformant de plus en plus à l'image de Christ.

L'allégorie du papillon met en lumière la nécessité d'une transformation radicale pour accéder à la dimension spirituelle. Cette transformation, symbolisée par la nouvelle naissance, est un processus qui implique la mort de l'ancien homme et la résurrection d'un nouvel homme en Christ.

Cependant il ne suffit pas seulement de naitre de nouveau pour subir la transformation, il ne suffit pas seulement, d'être baptisé pour en subir, plusieurs, la transformation est un processus continu

B) La nutrition

Etant un besoin fondamental, un besoin primaire, on ne peut pas s'en passer, qui veut grandir doit ipso facto se nourrir, comme pour le papillon la nutrition est fondamentale, pour un enfant de Dieu, la nutrition fondamentale.

Quel est donc la nourriture qui conduit à la transformation spirituelle ?

1. La Parole de Dieu : la nourriture spirituelle

Tout comme le papillon se nourrit de nectar pour se développer et se métamorphoser, le chrétien a besoin de se nourrir de la Parole de Dieu pour grandir spirituellement et atteindre la pleine mesure de sa transformation. La Bible est présentée comme la nourriture spirituelle par excellence, celle qui nous nourrit, nous fortifie et nous guide dans notre marche avec Dieu.

Matthieu 4 :4 : "Jésus répondit : Il est écrit : L'homme ne vivra pas de pain seul, mais de toute parole qui sort de la bouche de Dieu."

1 Pierre 2 :2 : "Comme des enfants nouveau-nés, ayez un ardent désir pour le lait pur de la parole, afin que par lui vous croissiez pour le salut."

Jean 6 :63 : "C'est l'esprit qui vivifie ; la chair ne sert de rien. Les paroles que je vous ai dites sont esprit et vie."

Ces versets soulignent l'importance vitale de la Parole de Dieu dans la vie du croyant. Elle est comparée à du lait, une nourriture essentielle pour les nourrissons, qui nous permet de grandir en maturité spirituelle.

Le processus de croissance spirituelle

En se nourrissant régulièrement de la Parole de Dieu, le croyant expérimente une croissance progressive :

Connaissance de Dieu : La Bible nous révèle le caractère de Dieu, ses attributs et ses plans pour l'humanité.

Transformation : La Parole de Dieu agit comme un miroir qui nous montre nos faiblesses et nous incite à nous repentir. Elle nous donne aussi la force de changer et de nous conformer à l'image de Christ.

Force et encouragement : La Bible nous offre des promesses, du réconfort et de l'encouragement dans les moments difficiles.

Sagesse et discernement : La Parole de Dieu nous guide dans les choix de la vie et nous aide à discerner le bien du mal.

Celui qui se nourrit de la parole de Dieu, saura que la parole de Dieu qui fortifie, et la même qui console, donc il y'aura des pleure, la même qui répare les brèches, la même qui guérit, donc pour comprendre que de la même manière que l'homme évolue, sa nutrition aussi l'est, malheureusement il y'a des enfants de Dieu qi f*grandissent mais avec toujours des biberons à l'âge adulte, celui qui a grandi sait que le même Dieu qui dit ne crains rien peut dans d'autres circonstances dire, lèves-toi manges et car le chemin est encore long pour toi.

De la même manière que toute chenille qui se nourrit fini par se transformer, le chrétien a besoin de se nourrir régulièrement de la Parole de Dieu pour grandir spirituellement. La Bible est la nourriture spirituelle qui nous permet de nous rapprocher de Dieu, de vaincre le péché et de vivre une vie abondante.

2. Nourrir son âme : grandir dans la foi

Qu'est-ce que la nutrition spirituelle ?

La nutrition spirituelle est l'ensemble des pratiques qui nous permettent de nourrir notre âme, de grandir dans la foi et de nous rapprocher de Dieu. Tout comme notre corps a besoin de nourriture pour fonctionner, notre âme a besoin d'un aliment spirituel pour s'épanouir.

Pourquoi est-elle importante ?

Une vie spirituelle nourrie est essentielle pour notre bien-être général. Elle nous procure : la Paix intérieure et joie, Force et courage, Sagesse et discernement, Amour et compassion, Un sens à la vie.

3. Comment se nourrir spirituellement?

Il existe de nombreuses façons de nourrir son âme, mais voici quelques-unes des plus importantes :

Prière : La prière est une conversation avec Dieu. C'est un moyen de lui exprimer notre amour, notre gratitude et nos requêtes.

Voulez-vous nourrir votre âme, prier.

Lecture de la Bible : La Bible est la parole de Dieu. Elle nous enseigne sa volonté et nous donne des exemples à suivre.

Méditation : La méditation est un moment de calme et de silence où nous nous concentrons sur Dieu. Elle nous permet de le connaître mieux et de recevoir sa guidance

Adoration : L'adoration est une expression de reconnaissance et de louange à Dieu. Elle peut se faire par le chant, la musique, la danse ou simplement par des paroles de gratitude.

Service aux autres : Servir les autres est une façon de mettre en pratique notre foi et de montrer l'amour de Dieu aux autres

Communauté : Faire partie d'une communauté de croyants nous permet de partager notre foi, de nous soutenir mutuellement et de grandir ensemble.

Ecouter plus que vous ne parlez : la bible dit, la foi vient de ce qu'on entend, et ce qu'on entend vient de la parole de Dieu, deux leçons à tirer de ce passage, la première est que, les oreilles sont la bouche de l'esprit, ne te permet pas d'entendre tout, canalise ce que tu dois entendre, si la foi peut passer par les oreilles, donc la mort aussi.

4. Grandir dans la foi

La nutrition spirituelle est un processus continu. Tout au long de notre vie, nous sommes appelés à grandir dans notre foi et à approfondir notre relation avec Dieu. Ce n'est pas toujours facile, mais c'est un voyage enrichissant qui en vaut la peine.

Matthieu 6 : 33 : "Cherchez d'abord le royaume de Dieu et sa justice, et toutes ces choses vous seront données en plus."

Proverbes 15 : 31 : "La bouche du juste produit la sagesse, mais la langue perverse sera retranchée."

Jacques 1 :2-4 : "Mes frères et sœurs, considérez-vous comme très heureux dans toutes vos épreuves, car vous savez que la mise à l'épreuve de votre foi produit la persévérance. Mais que la persévérance accomplisse son œuvre complète en sorte que vous soyez parfaits et complets, ne manquant de rien."

1 Pierre 2 : 2 : "Comme des nouveau-nés, désirez le lait spirituel pur pour pouvoir grandir par lui en vue du salut."

Nourrir son âme est un voyage essentiel pour tout croyant. En nous engageant dans les pratiques de la nutrition spirituelle, nous pouvons grandir dans notre foi, approfondir notre relation avec Dieu et vivre une vie plus épanouissante et pleine de sens.

Revenons à l'allégorie du papillon

La chenille ne se nourrit pas dans la chrysalide. C'est une idée fausse très répandue !

Lorsque la chenille se transforme en chrysalide, elle entre dans un stade de métamorphose complète. Durant cette période, elle ne se nourrit pas, car son corps subit une transformation radicale.

Voici ce qui se passe à l'intérieur de la chrysalide :

Auto-digestion partielle : La chenille commence par se digérer elle-même. Ses tissus se liquéfient progressivement, sauf quelques cellules spécialisées qui survivront.

Réorganisation cellulaire : Les cellules survivantes se multiplient et se réorganisent pour former les organes du futur papillon : ailes, pattes, antennes, etc.

Utilisation des réserves : Les nutriments stockés par la chenille pendant sa phase de croissance servent à alimenter cette transformation.

En résumé, la chrysalide est une sorte de "four" où la chenille se reconstruit complètement en utilisant les ressources qu'elle a accumulées auparavant. C'est un processus étonnant et complexe qui aboutit à l'émergence d'un tout nouvel être : le papillon.

Pourquoi cette idée fausse est-elle si répandue ? Probablement parce qu'on imagine souvent que la chrysalide est un cocon dans lequel la chenille dort et se développe tranquillement. En réalité, la transformation qui s'y déroule est bien plus radicale et complexe qu'un simple sommeil.

Tout celui qui veut atteindre la maturité doit passer par la chrysalide, où on ne se nourrit que des réserves, pour accélérer notre croissance

J'ai envie de te poser une question, si on cesser d'apprendre, d'écouter la parole de Dieu, si il arrivait que les circonstances ne permettent pas que la parole de Dieu soit prêcher, s'il arrivait que la bible ne soit pas lue, es-tu suffisamment blinder, plein de réserve ou est-ce que ta gibecière est vide ?ton grenier de la parole ,ta réserve peut-elle te garantir la croissance dans la chrysalide, dans les moments difficiles , es-tu suffisamment outiller pour résister pendant que les moment sont fort, durs, compliqués ?

Dans La Chrysalide ceux ou celles qui prêtent un câble sont ceux-là qui n'ont pas eu suffisamment de réserve.

Bien aimé(e), il y aura des temps douloureux, compliqués,

2 Timothée 3 :12

Or, tous ceux qui veulent vivre pieusement en Jésus Christ seront persécutés.
Matthieu 5 :11
Heureux serez-vous, lorsqu'on vous outragera, qu'on vous persécutera et qu'on dira faussement de vous toute sorte de mal, à cause de moi.

Matthieu 10 :17 -18
Mettez-vous en garde contre les hommes ; car ils vous livreront aux tribunaux, et ils vous battront de verges dans leurs synagogues ; vous serez menés, à cause de moi, devant des gouverneurs et devant des rois, pour servir de témoignage à eux et aux païens.

Jean 15 :20
Souvenez-vous de la parole que je vous ai dite : Le serviteur n'est pas plus grand que son maître. S'ils m'ont persécuté, ils vous persécuteront aussi ; s'ils ont gardé ma parole, ils garderont aussi la vôtre.

Jean 16 :2
Concept des Versets
Ils vous excluront des synagogues ; et même l'heure vient où quiconque vous fera mourir croira rendre un culte à Dieu.
Ce sont les paroles que tu as entendues, qui t'aideront, c'est pourquoi :

- Exerce tes oreilles à beaucoup entendre, la foi vient de ce qu'on entend, Romain 10 :17, ce que tu entends, nourris ta foi,

- Ne te permets jamais d'entendre n'importe quoi, de la même manière que la foi vient de ce qu'on entend, le virus qui te détruira peut aussi passer par les oreilles, la bouche de l'âme et de l'esprit, ce sont les oreilles, les yeux, les 5 organes de sens.

A noter que c'est le papillon ne se nourrit une fois sortir de la chrysalide

De la chenille au papillon, le mystère de la chrysalide :

-la vie dans le cocon

Fig 2 : la chenille prête pour la vie dans le cocon

Se retirer pour apprendre selon la Bible : un temps de communion avec Dieu

La Bible nous encourage à prendre des moments de retraite pour nous consacrer à Dieu et à sa Parole. Ce temps de mise à part est l'occasion de :

Approfondir notre relation avec Dieu : En nous éloignant des distractions du quotidien, nous pouvons nous concentrer sur la prière, la lecture de la Bible et la méditation. Cela nous permet de mieux entendre sa voix et de discerner sa volonté pour nos vies.

Renouveler notre esprit et notre âme : Le rythme effréné de la vie moderne peut nous épuiser spirituellement. Se retirer dans un endroit calme nous permet de nous reposer, de nous ressourcer et de retrouver notre paix intérieure.

Grandir dans notre foi : En étudiant la Bible et en réfléchissant à sa signification, nous pouvons approfondir notre compréhension de Dieu et de ses plans pour nous. Cela nous donne la force de vivre une vie conforme à ses enseignements.

Versets bibliques à l'appui :

Psaume 46 : 10 : "Soyez tranquilles et sachez que je suis Dieu ! Je serai élevé parmi les nations, je serai élevé sur la terre."

Matthieu 6 : 6 : "Mais quand tu pries, entre dans ta chambre, ferme ta porte, et prie ton Père qui est dans le secret ; et ton Père, qui voit dans le secret, te le rendra."

Marc 1 : 13 : "Jésus fut conduit par l'Esprit dans le désert."

Comment se retirer efficacement :

Trouver un endroit calme : Choisissez un endroit où vous ne serez pas dérangé et où vous pourrez vous concentrer pleinement sur Dieu. Cela peut être votre maison, un lieu de culte ou un endroit dans la nature.

Définir un objectif clair : Déterminez ce que vous voulez retirer de votre temps de retraite. Voulez-vous approfondir votre connaissance d'un sujet biblique particulier ? Travailler sur un problème personnel ? Discerner la volonté de Dieu pour votre vie ?

Établir un programme : Prévoyez du temps pour la prière, la lecture de la Bible, la méditation et d'autres activités spirituelles. Vous pouvez également prévoir du temps pour la détente et la réflexion.

Se couper des distractions : Éteignez votre téléphone portable, votre ordinateur et tout autre appareil qui pourrait vous distraire.

Avoir un cœur ouvert : Approchez Dieu avec un cœur ouvert et disposé à recevoir sa direction. Soyez prêt à écouter ce qu'il a à vous dire et à obéir à sa volonté.

Se retirer pour apprendre selon la Bible est un investissement précieux dans votre relation avec Dieu. C'est un temps de renouvellement spirituel, de croissance et de transformation.

La communion avec Dieu avec Dieu vous forge, le moment de seul à seul avec Dieu, forge votre caractère, votre homme intérieur, décider de partir dans la chrysalide avant que Dieu ne vous y traine,

Philippiens 2 :6-8 lequel, existant en forme de Dieu, n'a point regarder comme une proie à arracher d'être égal avec Dieu, mais s'est dépouillé lui-même, en prenant une forme de serviteur, en devenant semblable aux hommes ; et ayant paru comme un simple homme, il s'est humilié lui-même, se rendant obéissant jusqu'à la mort, même jusqu'à la mort de la croix.

2 Corinthiens 8 :9 Car vous connaissez la grâce de notre Seigneur Jésus Christ, qui pour vous s'est fait pauvre, de riche qu'il était, afin que par sa pauvreté vous fussiez enrichis.

Développons la coutume de parler et entendre Dieu, tout ceci n'est possible que dans le cocon spirituel

Exode 33 :11 : "L'Éternel parlait à Moïse face à face, comme un homme parle à son ami."

1 Rois 19 :8 : "Il se leva, mangea et but, et puis il marcha quarante jours et quarante nuits jusqu'à la montagne de Dieu, Horeb."

Matthieu 14 :23 : "Après avoir renvoyé la foule, Jésus monta sur la montagne pour prier seul. Le soir venu, il était là tout seul."

Luc 5 :16 : "Et lui, il se retirait dans les déserts et priait."

Il n'y a pas d'équivalent direct dans la Bible à la chrysalide du papillon pour décrire le processus de maturation d'un chrétien. Cependant, plusieurs passages bibliques illustrent la transformation spirituelle que vivent les croyants tout au long de leur vie.

Exemples :

Nouvelle naissance : Jean 3 : 3-7 décrit la nouvelle naissance comme une transformation essentielle pour devenir un chrétien. Jésus dit à Nicodème : "En vérité, en vérité, je te dis que si quelqu'un ne naît de nouveau, il ne peut voir le royaume de Dieu." Cette nouvelle naissance est souvent comparée à une résurrection spirituelle, symbolisant une rupture avec l'ancienne vie et une nouvelle vie en Christ.

Renouvellement spirituel : 2 Corinthiens 5 :17 décrit le processus de transformation continue des croyants : "Si quelqu'un est en Christ, il est une nouvelle créature. Les choses anciennes ont disparu, voici, toutes choses sont devenues nouvelles." Ce verset souligne que la foi en Christ n'est pas un événement statique, mais un processus continu de renouvellement et de transformation.

Élagage : Hébreux 12 :5-11 utilise l'image de l'élagage pour illustrer la discipline que Dieu permet dans la vie des croyants. "Car c'est pour notre discipline que Dieu nous châtie. C'est comme un père qui châtie son enfant bien-aimé. Souffrons patiemment, car Dieu agit en nous comme un père. Il agit ainsi pour nous rendre parfaits et irréprochables." Ce passage montre que les épreuves et les difficultés de la vie peuvent être des outils de croissance spirituelle, permettant aux croyants de se conformer davantage à l'image de Christ.

Métamorphose : Romains 12 :2 décrit la transformation des croyants par le renouvellement de leur intelligence : "Ne vous conformez pas au siècle présent, mais soyez transformés par le renouvellement de votre intelligence, afin que vous discerniez quelle est la volonté de Dieu, ce qui est bon, agréable et parfait." Ce verset souligne que la foi en Christ implique une transformation de nos pensées, de nos attitudes et de nos comportements, nous conformant davantage aux valeurs et aux principes de Dieu.

Il est important de noter que la transformation spirituelle des chrétiens est un processus individuel et unique. Chaque croyant vit sa propre expérience de croissance et de maturation, à son rythme et selon les plans spécifiques de Dieu pour sa vie.

Bien qu'il n'y ait pas d'équivalent direct à la chrysalide dans la Bible pour décrire la maturation d'un chrétien, de nombreux passages illustrent la transformation spirituelle que vivent les croyants tout au long de leur vie. Cette transformation se manifeste par une nouvelle naissance, un renouvellement spirituel, un élagage et une métamorphose, conduisant les croyants à une plus grande ressemblance avec Jésus-Christ.

L'équivalent du processus de la chrysalide dans la vie de maturité d'un chrétien

Si l'on compare le processus de maturation d'un papillon à la vie chrétienne, on peut identifier plusieurs étapes équivalentes dans la croissance spirituelle d'un croyant.

La chenille : Croissance et préparation

Nourriture et développement : Tout comme la chenille se nourrit activement pour se développer, le chrétien en quête de maturité se nourrit spirituellement de la Parole de Dieu (2 Timothée 3 :16-17).

Préparation à la transformation : La chenille tisse son cocon pour se préparer à sa métamorphose. De même, le chrétien se prépare à la transformation spirituelle en s'exerçant à la piété, à la bonté et à la maîtrise de soi (1 Timothée 4 :7-8).

La chrysalide : Transformation intérieure

Transformation cachée : À l'intérieur du cocon, la chenille subit une transformation radicale, invisible de l'extérieur. De même, la transformation spirituelle du chrétien se produit souvent de manière cachée, dans l'intimité de sa relation avec Dieu (Romains 12 : 2).

Une Véritable Transformation Est Celle Qui S'est Faite Dans Le Secret,tout le reste c'est soit la modification, la mue,…

Travail intérieur : La transformation de la chenille implique un travail intense et parfois douloureux. De même, la croissance spirituelle du chrétien peut passer par des épreuves et des défis qui permettent de forger sa foi et sa résilience (Jacques 1 :2-4).

Le papillon : Émergence et envol

Nouvelle création : L'émergence du papillon symbolise une nouvelle création, une transformation complète de l'être. De même, le chrétien mature devient une "nouvelle créature" en Christ (2 Corinthiens 5 :17), vivant selon les valeurs et les principes du royaume de Dieu (Matthieu 6 :33).

Fruit et service : Le papillon utilise ses ailes pour voler et répandre le pollen, contribuant ainsi à la pollinisation et à la reproduction des plantes. De même, le chrétien mature utilise ses dons et ses talents pour servir Dieu et les autres, portant du fruit pour le royaume de Dieu (Matthieu 25 :14-20)

Versets bibliques à l'appui :

1 Pierre 1 :23 : "Vous avez été engendrés de nouveau, non pas d'une semence corruptible, mais d'une semence incorruptible, par la parole vivante et permanente de Dieu." (Croissance et préparation)

2 Corinthiens 5 :17 : "Si quelqu'un est en Christ, il est une nouvelle créature. Les choses anciennes ont disparu, voici, toutes choses sont devenues nouvelles." (Transformation intérieure)

Éphésiens 4 :22-24 : "Renouvelez l'homme intérieur qui se crée à l'image de Dieu en justice et en sainteté véritables. Déposez le vieil homme avec ses passions trompeuses, et revêtez l'homme nouveau qui se crée dans la connaissance de celui qui l'a créé." (Transformation intérieure)

Matthieu 6 :33 : "Cherchez premièrement le royaume de Dieu et sa justice, et toutes ces choses vous seront données par surcroît." (Émergence et envol)

Jacques 1 :2-4 : "Mes frères, comptez-le pour une grande joie quand vous rencontrez de diverses épreuves, sachant que l'épreuve de votre foi produit la patience. Mais que la patience mène son œuvre jusqu'au bout, afin que vous soyez parfaits et complets, ne manquant de rien." (Transformation intérieure)

Il est important de souligner que la maturation d'un chrétien est un processus continu et individuel. Chaque croyant évolue à son rythme, selon les plans spécifiques de Dieu pour sa vie. Il ne faut pas se comparer aux autres, mais se concentrer sur sa propre croissance spirituelle, en s'appuyant sur la grâce et la force de Dieu (Philippiens 4:13).

En conclusion, le processus de maturation d'un chrétien peut être comparé à la métamorphose d'un papillon. Tout comme la chenille se transforme en papillon, le chrétien passe par des étapes de croissance, de transformation et d'émergence spirituelle pour devenir une nouvelle création en Christ, portant du fruit pour le royaume de Dieu.

Que dit la Bible concernant la transformation ?

Voici ce qu'il faut retenir pour conclure avec cette merveilleuse créature

Fig 3 : de la chenille au papillon

2 Corinthiens 3 :18

[18] Nous tous qui, le visage découvert, contemplons comme dans un miroir la gloire du Seigneur, nous sommes transformés en la même image, de gloire en gloire, comme par le Seigneur, l'Esprit.

Saviez-vous que la Bible parle d'une chose que l'on appelle **la transformation** ? Ce sujet est abordé dans les deux versets suivants du Nouveau Testament :

2 Corinthiens 3.18 : « Mais, nous tous, contemplant et reflétant comme un miroir la gloire du Seigneur d'un visage dévoilé, nous sommes **transformés** en la même image, de gloire en gloire, comme provenant du Seigneur Esprit. »

Romains 12.2 : « Ne vous façonnez pas à l'image de cet âge, mais soyez **transformés** par le renouvellement de l'intelligence, afin que vous discerniez quelle est la volonté de Dieu, ce qui est bon, agréable et parfait. »

Pour nous qui sommes des croyants, que signifie être transformés ? Comment pouvons-nous faire l'expérience de la transformation ?

La Définition de la Transformation

Le dictionnaire Le Robert définit le terme « transformation » comme suit : « Prendre une autre forme, un autre aspect. » Mais qu'est-ce que cela signifie pour nous, en tant que chrétiens ? Devons-nous simplement changer de comportement pour devenir davantage « comme Christ » ? Ou bien devons-nous nous conformer à un nouveau code de conduite ? En examinant de plus près les versets cités précédemment, nous découvrons que, selon la Bible, la transformation est un concept bien plus profond que ce que nous pourrions imaginer.

Dans le Nouveau Testament, le mot grec traduit par « transformation » est « métamorphose ». Ce terme décrit « un changement radical de la forme d'un organisme, qui passe d'un état à un autre au cours de son existence, comme la chenille qui se transforme d'abord en chrysalide puis en papillon adulte. »

La chenille naît avec en elle la vie qui la mènera à devenir un papillon. Bien que le changement de forme survienne lors de la métamorphose, il s'agit en réalité d'un processus organique interne. Une chenille ne met pas simplement un costume de papillon, ni ne fait semblant d'en être un. Tant qu'elle se nourrit, elle peut compter sur le processus métabolique qui assimile les nutriments dans son corps, favorisant sa croissance. C'est ainsi qu'elle finit par subir une métamorphose et devenir un papillon.

La Transformation dans Notre Vie Chrétienne

Lorsque nous acceptons Christ comme notre Sauveur, nous sommes régénérés par la vie divine de Dieu qui nous transforme en ses enfants. Cette vie divine agit en nous pour nous façonner à l'image de Christ.

Cependant, comme la chenille, nous avons également besoin de nous nourrir pour être transformés. Dans Jean 6.35, Jésus déclare : « Je suis le pain de vie ; celui qui vient à moi n'aura jamais faim, et celui qui croit en moi n'aura jamais soif. » Le

Seigneur nous invite à l'ingérer chaque jour comme notre nourriture spirituelle, afin de grandir et de nous transformer.

En nous nourrissant du Seigneur Jésus, nous recevons la provision nécessaire pour croître dans sa vie divine. Ce processus de croissance est décrit dans 2 Corinthiens 3.18 comme une transformation progressive, de gloire en gloire, jusqu'à ce que nous soyons conformes à l'image de Christ. La note de bas de page 8 de ce verset dans la version Recouvrement du Nouveau Testament commente ces mots « même image » :

« Être transformé en la même image signifie être rendu conforme au Christ ressuscité et glorifié, pour devenir pareil à Lui (Rm 8.29). »

Lorsque nous nous nourrissons de Christ, nous recevons et assimilons davantage de son être en nous. Nous expérimentons alors une transformation qui n'est pas le fruit de nos efforts mais qui résulte de notre alimentation spirituelle et de l'œuvre de la vie divine en nous.

Ce que la Transformation n'est Pas

La transformation ne consiste pas simplement en un changement de comportement ou en des actions vertueuses. Par exemple, une femme sous-alimentée, avec un teint pâle et un visage malade, pourrait essayer de paraître en meilleure santé en utilisant du maquillage. Ce changement serait purement superficiel, une transformation cosmétique.

Si, en revanche, cette femme commence à s'alimenter correctement avec des nourritures saines, elle subira un changement visible et durable. Sa santé s'améliorera et son corps se fortifiera. Son apparence radieuse sera alors le résultat non pas de ses efforts superficiels, mais d'un changement intérieur dû à un processus métabolique organique.

Essayer de se comporter comme Christ sans réelle transformation intérieure équivaut à utiliser du maquillage : notre nature profonde reste inchangée, et nous essayons simplement de la masquer par de bonnes actions ou une conduite améliorée. Ainsi, les autres ne voient pas Christ exprimé à travers nous, mais des personnes spirituellement sous-alimentées qui tentent de l'imiter.

La véritable transformation est différente. Elle résulte d'un changement intérieur qui se produit lorsque nous nous nourrissons de Christ comme notre nourriture et boisson spirituelles. Lorsque nous nous alimentons ainsi, nous permettons à la vie divine en nous d'opérer, et notre « apparence » spirituelle s'améliore progressivement, nous amenant à exprimer naturellement Christ dans notre quotidien.

Comment Coopérer à la Transformation

Nous ne pouvons pas accomplir notre propre transformation simplement en prenant la décision de changer. Cependant, comme l'indique Romains 12.2, nous pouvons « être transformés » — c'est-à-dire que nous pouvons coopérer avec le Seigneur pour permettre à ce processus de transformation de s'opérer en nous.

Pour collaborer avec ce processus métabolique de transformation, il est essentiel de prendre Christ comme notre nourriture et boisson spirituelles. Voici quelques moyens de le faire :

- Invoquer son nom tout au long de la journée, en disant : « Ô, Seigneur Jésus » ou « Seigneur Jésus, je T'aime ».
- Chanter des chants spirituels pour le Seigneur.
- Prier sur ce que nous lisons dans la Bible.
- Rendre grâces à Dieu.
- Louer Dieu.
- Prêcher l'évangile ou parler de Christ autour de nous.

Ces pratiques représentent différentes façons de consommer Christ comme le pain vivant et de le boire comme l'eau vive. En les pratiquant régulièrement, nous sommes spirituellement fortifiés et transformés de plus en plus à l'image de Christ.

Une Vie de Transformation

Dieu désire transformer nos vies pour que nous soyons libres et épanouis !

De nombreuses personnes ne sont pas satisfaites de leur existence et cherchent le changement : changer de travail, de conjoint, ou de mode de vie. D'autres, par désir de plaire, modifient leur comportement ou leur apparence pour être acceptées. Cependant, il est important de comprendre que Dieu n'est pas le Dieu du changement superficiel, mais celui de la transformation véritable et profonde.

Il ne s'agit pas d'un simple changement qui ne règle rien : beaucoup de personnes changent d'église, pensant que dans une nouvelle assemblée, leurs problèmes disparaîtront. Or, cela est une erreur, car c'est superficiel : elles restent malheureuses parce qu'elles ne traitent pas la racine de leurs problèmes. La même chose se produit avec ceux qui se marient plusieurs fois ou changent régulièrement de travail : ils croient que les autres sont responsables de leur malheur et qu'un simple changement suffira à tout corriger.

Ces personnes accusent leur entourage de leur malheur sans réaliser qu'elles ont besoin d'une guérison intérieure, d'une transformation profonde que seule la Parole de Dieu peut apporter. Le problème n'est pas chez les autres, mais en nous.

Les erreurs passées, les échecs, le manque d'affection… Ce sont autant de chaînes qui emprisonnent nos cœurs et nous empêchent d'avancer et de nous épanouir. Elles nous privent d'une vie heureuse.

Cependant, Jésus est venu pour nous libérer de ces liens intérieurs qui nous retiennent prisonniers. Par son sacrifice, Christ a brisé toutes les chaînes qui nous oppriment et nous empêchent de devenir de nouvelles créatures.

Cette transformation ne peut survenir que par la révélation de la Parole de Dieu par le Saint-Esprit, qui éclaire notre compréhension et renouvelle notre esprit.

Romains 12 : 2 « Ne vous conformez pas au siècle présent, mais soyez transformés par le renouvellement de l'intelligence, afin que vous discerniez quelle est la volonté de Dieu, ce qui est bon, agréable et parfait. »

La transformation : plus qu'un simple changement !

Beaucoup pensent que quelques ajustements superficiels suffiront à changer leur vie. Mais si nous aspirons véritablement à être une nouvelle créature et à nous épanouir, nous avons besoin d'une transformation intérieure. Comment pensons-nous ? Comment percevons-nous la vie ? Permettons-nous à la Parole de Dieu de pénétrer en nous et de nous transformer ?

Dieu nous appelle à un renouvellement véritable et à une transformation profonde. N'attendons pas un simple changement, car celui-ci ne résoudra rien dans notre vie. Comme l'indique ce verset, recherchons la transformation de notre être afin de devenir une nouvelle créature dont les pensées, le comportement, et les habitudes sont modifiés.

Changer d'emploi, fréquenter de nouvelles personnes, se séparer de son conjoint… Beaucoup pensent que ces changements superficiels transformeront leur vie et que tout ira mieux. Mais cela est illusoire. Ce n'est pas le changement qui nous conduit à notre destinée, c'est la transformation.

La transformation est un processus plus profond qui touche notre être intérieur, notre manière de penser, et notre vision des choses. Lorsque Jésus enseigne la nouvelle naissance à Nicodème, il explique que nous devenons de nouvelles créatures par l'œuvre du Saint-Esprit.

Notre Identité en Christ

Jésus n'est pas venu pour juger le monde, mais pour le sauver. Nous sommes les enfants de Dieu, et même plus que cela : nous sommes ses créatures ! Il nous a façonnés tels que nous sommes, avec notre caractère, notre apparence, nos qualités et nos défauts. Grâce au sacrifice de Jésus à la croix, nous avons été rachetés ; il a payé pour nos fautes et nous a ouvert la voie vers Dieu, nous libérant de l'esclavage du péché. Notre identité ne se trouve pas dans ce que les autres disent de nous, ni même dans ce que nous pensons de nous-mêmes, mais dans ce que Dieu dit de nous.

Transformés par la Vérité de la Parole de Dieu

Lorsque nous acceptons cette vérité et que nous nous laissons guider par la Parole de Dieu, nous expérimentons une transformation profonde. Ce n'est pas une transformation extérieure, mais un changement radical qui commence dans notre cœur et se manifeste dans toute notre vie.

2 Corinthiens 5:17 nous rappelle : « Si quelqu'un est en Christ, il est une nouvelle créature. Les choses anciennes sont passées; voici, toutes choses sont devenues nouvelles. » Cela signifie que notre identité est entièrement renouvelée en Christ. Nous ne sommes plus définis par nos erreurs passées, nos échecs ou même nos réussites. Nous sommes définis par ce que Dieu dit de nous — que nous sommes ses enfants bien-aimés, purifiés et sanctifiés par son amour.

Un Processus Continu

Il est essentiel de comprendre que la transformation selon Dieu est un processus continu, pas un événement ponctuel. Chaque jour, en passant du temps dans la prière, en méditant la Parole, et en vivant en communion avec le Saint-Esprit, nous sommes progressivement transformés à l'image de Christ.

Philippiens 1:6 dit : « Je suis persuadé que celui qui a commencé en vous cette bonne œuvre la rendra parfaite pour le jour de Jésus-Christ. » Cela signifie que Dieu est à l'œuvre en nous, jour après jour, pour nous rendre plus semblables à Jésus. Cette transformation nous prépare non seulement à vivre selon la volonté de Dieu ici-bas, mais aussi à être en sa présence pour l'éternité.

La Puissance de l'Esprit Saint

Cette transformation ne peut se faire par nos propres forces. C'est par la puissance de l'Esprit Saint que nous sommes renouvelés et rendus capables de marcher dans la nouveauté de la vie que Dieu nous offre. L'Esprit Saint travaille en nous pour transformer nos désirs, nos pensées et nos comportements, afin que nous puissions vivre selon le plan parfait de Dieu.

Le Temps

La Maturation Spirituelle : Un Processus Qui Nécessite du Temps

La nature nous offre de nombreux exemples pour comprendre le processus de maturation. Que ce soit pour les fruits, les animaux ou les humains, la maturation est un processus qui prend du temps. De la même manière, la maturation spirituelle est un cheminement qui nécessite patience et persévérance. À travers des illustrations de la nature et des bases bibliques, nous allons explorer comment le facteur temps est essentiel dans le processus de transformation spirituelle.

La Transformation de la Chenille en Papillon

Prenons l'exemple d'une chenille qui se transforme en papillon. Ce processus est un parfait reflet de la transformation spirituelle que Dieu opère en nous. Après être née, la chenille passe par différentes étapes de croissance. Puis, vient un moment crucial où elle se retire dans un cocon. Là, dans ce cocon, elle passe de deux à quatre semaines à se transformer progressivement en papillon. Ce n'est pas un processus immédiat ; il faut du temps, de la patience et des conditions adéquates pour que cette transformation s'accomplisse pleinement.

De la même manière, en tant que croyants, nous passons par un processus de transformation spirituelle. Ce processus, appelé sanctification, est un changement progressif et continuel qui nous rend de plus en plus conformes à l'image de Christ.

Le Temps et la Croissance Spirituelle : Un Principe Biblique

L'importance du temps dans le processus de maturation spirituelle est un principe biblique. Dans Ecclésiaste 3 :1, il est écrit : « Il y a un temps pour tout, un temps pour toute chose sous les cieux. » Cela signifie que chaque étape de notre croissance spirituelle a son propre temps. La transformation ne se produit pas instantanément ; elle nécessite du temps, de la patience, et l'action continue de Dieu en nous.

De plus, Galates 6 :9 nous encourage en disant : « Ne nous lassons pas de faire le bien ; car nous moissonnerons au temps convenable, si nous ne nous relâchons pas. » Ce verset montre clairement que la croissance spirituelle et les récompenses qui l'accompagnent sont le résultat d'un processus de persévérance et de confiance dans le plan de Dieu.

La Métaphore du Fruit Spirituel

L'apôtre Paul utilise également la métaphore du fruit pour illustrer la croissance spirituelle. Dans Galates 5 :22-23, il parle du « fruit de l'Esprit », qui est le résultat d'une vie remplie du Saint-Esprit. Ce fruit – amour, joie, paix, patience, bonté, bienveillance, foi, douceur, maîtrise de soi – ne pousse pas du jour au lendemain. Tout comme un arbre a besoin de temps pour pousser, pour s'enraciner profondément et porter du fruit, notre vie spirituelle nécessite du temps pour se développer et mûrir.

Jean 15 :5 nous rappelle que pour porter du fruit, nous devons rester connectés à Jésus-Christ : « Je suis le cep, vous êtes les sarments. Celui qui demeure en moi et en qui je demeure porte beaucoup de fruit, car sans moi vous ne pouvez rien faire. » Ici, Jésus souligne que la maturation spirituelle est le fruit d'une relation continue et croissante avec Lui.

L'Importance de la Patience et de la Persévérance

Tout comme il est nécessaire de laisser le temps à une chenille de se transformer en papillon, il est essentiel d'être patient dans notre marche avec Dieu. La Bible nous encourage à persévérer et à ne pas abandonner, car la transformation spirituelle est un processus qui prend du temps.

Jacques 1 :4 déclare : « Mais il faut que la persévérance accomplisse parfaitement son œuvre, afin que vous soyez parfaits et accomplis, sans faillir en rien. » Cela signifie que notre croissance spirituelle nécessite de la patience et de la persévérance pour arriver à maturité. Dieu utilise le temps pour nous façonner, nous émonder et nous préparer pour de plus grandes choses.

Comme pour une chenille qui devient papillon ou un arbre qui porte du fruit, la croissance spirituelle est un processus qui prend du temps. Nous devons être patients, persévérants et confiants dans le fait que Dieu, qui a commencé cette bonne œuvre en nous, la rendra parfaite en son temps (Philippiens 1 :6). En acceptant ce processus, nous permettons à Dieu de nous transformer progressivement à l'image de Christ, pour que nous puissions vivre une vie qui reflète sa gloire et son amour.

Le temps passera 2 à 4 semaines dans ce cocon où elle va se transformer progressivement en papillon. Puis enfin le papillon sortira de sa chrysalide.

La chenille entre dans la chrysalide, mais le papillon y sort, il y'a un AVANT et un APRÈS transformation, le nom doit changer, la vue des autres sur toi, l'aspect tout doit changer au point de devenir deux être différents.

C'est après être sorti de sa chrysalide, qu'il y sort avec un pouvoir pollinisateur, aider les autres fleurs plantes à se reproduire, si tu veux être utile passe dans le cocon.

Pollinisation : Lorsqu'un papillon butine d'une fleur à l'autre pour se nourrir de nectar, du pollen s'accroche à son corps. En se posant sur une autre fleur, il dépose involontairement ce pollen sur le pistil de cette nouvelle fleur. C'est ainsi que la fécondation se produit, permettant à la plante de produire des graines et de se reproduire.

Les papillons sont donc des pollinisateurs tout comme les abeilles, les bourdons ou certains oiseaux. Leur rôle est essentiel à la biodiversité et à la production de nombreux fruits et légumes que nous consommons.

Conclusion

Dieu nous appelle à une transformation authentique, pas simplement à un changement superficiel. Cette transformation commence lorsque nous acceptons Jésus-Christ comme notre Seigneur et Sauveur et que nous décidons de vivre en accord avec sa Parole. C'est un processus qui demande notre coopération et notre engagement, mais dont les fruits sont éternels.

En nous laissant transformer par la vie de Christ en nous, nous devenons de plus en plus semblables à Lui, et notre vie commence à refléter son amour, sa grâce, et sa gloire. Que chacun de nous puisse chercher cette transformation véritable, afin de vivre pleinement la vie abondante que Dieu a préparée pour nous.

Toute transformation a trois phases, l'avant, le pendant et l'après, tous ces hommes transformés dans la bible sont inclus dans ce processus

Voici différents thèmes qu'on peut attribuer à ses enseignements :

Thèmes centrés sur la transformation :

De la chenille à l'apôtre : Une métamorphose spirituelle. Ce thème met l'accent sur le changement radical qu'a connu Paul, passant de persécuteur à prédicateur de l'Évangile.

Briser le cocon pour s'envoler : Sortir de sa zone de confort. Ici, le cocon représente les anciennes habitudes, les croyances limitantes ou les peurs qui entravent notre croissance spirituelle.

Une nouvelle création : Renaître en Christ. Ce thème souligne l'œuvre transformatrice de Dieu dans la vie des croyants, qui deviennent de "nouvelles créatures" en Jésus-Christ.

Thèmes axés sur le parcours :

Le chemin de la transformation : Étapes et défis. Vous pourriez détailler les différentes étapes du processus de transformation, tant pour Paul que pour le papillon, en soulignant les obstacles rencontrés et les victoires remportées.

La patience de la transformation : Un processus qui prend du temps. Ce thème rappelle que la transformation spirituelle est souvent un long chemin qui demande de la persévérance et de l'endurance.

La beauté de la transformation : Un résultat magnifique. Vous pourriez mettre en valeur la beauté et la grâce qui émergent d'une transformation profonde, tant sur le plan intérieur qu'extérieur.

Thèmes plus spécifiques :

La liberté en Christ : S'affranchir des chaînes du passé. Ce thème pourrait se concentrer sur la façon dont la transformation en Christ libère les croyants de l'esclavage du péché et de la mort.

L'appel de Dieu : Répondre à la vocation divine. Vous pourriez explorer l'appel que Dieu a adressé à Paul et comment il a transformé sa vie.

Le témoignage : Partager sa transformation avec les autres. Ce thème souligne l'importance de témoigner de l'œuvre de Dieu dans notre vie pour encourager les autres.

Thèmes axés sur le processus :

"De la chrysalide à la lumière : Embrasser le temps de la transformation" : Ce thème met l'accent sur la patience nécessaire pendant le processus de changement, tout en soulignant la beauté qui en résulte.

- o **Développement :** Utiliser des métaphores liées à la nature (la germination d'une graine, la fonte de la neige) pour illustrer les différentes étapes de la transformation.
- o **Application :** Encourager l'assemblée à identifier les domaines de leur vie où ils ressentent le besoin de transformation, et à se rappeler que Dieu est à l'œuvre en eux.

"Sculptés par la grâce : L'œuvre de Dieu en nous" : Ce thème souligne le rôle actif de Dieu dans notre transformation.

- o **Développement :** Utiliser des images de l'artisanat (un sculpteur façonnant une statue) pour illustrer comment Dieu façonne nos vies.
- o **Application :** Inviter l'assemblée à se rendre compte de la présence de Dieu dans leur vie quotidienne et à collaborer avec Lui dans ce processus de transformation.

Thèmes axés sur le résultat final :

"Une nouvelle création : Vivre en Christ" : Ce thème met en avant l'identité nouvelle que nous recevons en Christ.

Développement : Exploiter les passages bibliques sur la nouvelle naissance (Jean 3:3) et l'enlèvement des vieilles habitudes (Colossiens 3:9-10).

Application : Encourager l'assemblée à vivre conformément à leur nouvelle identité en Christ.

"Rayonner la lumière du Christ : Être un témoin transformé" : Ce thème souligne l'impact que notre transformation peut avoir sur les autres.

- o **Développement :** Utiliser la parabole de la lumière pour illustrer comment les chrétiens sont appelés à briller dans le monde.
- o **Application :** Encourager l'assemblée à partager leur foi et à témoigner de l'amour de Dieu.

Thèmes combinant les deux aspects :

"Du ver à l'aigle : S'élever vers de nouveaux sommets" : Ce thème combine l'idée de transformation profonde avec celle d'une croissance spirituelle continue.

- o **Développement :** Utiliser des images de l'aigle (qui symbolise la force, la liberté et la vision) pour illustrer le potentiel de ceux qui ont été transformés par Christ.
- o **Application :** Encourager l'assemblée à fixer leurs regards sur Jésus et à aspirer à des sommets spirituels toujours plus élevés.

Quelques pistes pour votre prédication :

Introduction : Commencez par une illustration saisissante de la métamorphose du papillon, puis établissez un parallèle avec la transformation spirituelle de Paul.

Développement : Expliquez les étapes de la transformation, en utilisant des versets bibliques pertinents. Vous pouvez également partager des témoignages personnels ou des exemples tirés de la vie des saints.

Application : Invitez l'assemblée à réfléchir à sa propre transformation spirituelle. Posez des questions telles que : "Quelles sont les zones de votre vie que vous aimeriez voir transformer ?", "Quels obstacles vous empêchent de voler de vos propres ailes ?"

Conclusion : Terminez par une exhortation à embrasser la transformation que Dieu veut opérer en nous et à partager notre témoignage avec les autres

Conseils supplémentaires :

Utilisez des images visuelles : Des diapositives, des vidéos ou des objets peuvent aider à rendre votre message plus vivant et mémorable.

Faites participer l'assemblée : Posez des questions, organisez des temps de réflexion ou de partage.

Adaptez votre message à votre auditoire : Tenez compte des besoins et des intérêts de votre congrégation.

CHAPITRE 2

LA FOURMI, UNE ÉCOLE DE SAGESSE

La fourmi est un insecte bien connu que le roi Salomon évoque comme exemple de vie intelligente et laborieuse, reconnu par les poètes et moralistes de tous les temps :

Proverbes 6 : 6 -11

[6] Va vers la fourmi, paresseux ; considère ses voies, et deviens sage.

[7] Elle n'a ni chef, ni inspecteur, ni maître ;

Proverbes 30 : 24-28

[24] Il y a sur la terre quatre animaux petits, et cependant parmi les plus sages ;

[25] Les fourmis, peuple sans force, préparent en été leur nourriture ;

Les fourmis, un peuple sans force, représentent une armée dont l'apparence physique peut sembler faible. Cependant, elles possèdent une force extraordinaire et un zèle magnifique pour travailler et amasser de la nourriture. Les voies de la fourmi incitent les paresseux à s'investir dans l'œuvre de Dieu.

Six caractéristiques majeures de la fourmi :

- Elle n'a pas de chef

- Elle n'a pas d'inspecteur

- Elle n'a pas de maître

- Elle prépare sa nourriture en été

- Elle amasse pendant la moisson

- Elle n'est pas pauvre, mais riche

1. La fourmi n'a pas de chef

La fourmi n'a pas besoin de la présence physique d'un quelconque conducteur pour être motivée dans son œuvre, sachant qu'un chef est celui qui donne des directives et instructions pour accomplir une tâche spécifique. « Quand le consolateur viendra, il vous conduira dans toute la vérité » (Jean 16). Il est essentiel pour chaque chrétien de se soumettre en permanence à l'Esprit de Dieu, et non à un homme en tant que chef, afin d'être guidé efficacement dans le champ de Dieu. Tout conseil provenant des méchants doit être évité.

2. La fourmi n'a pas d'inspecteur

L'inspecteur est celui qui contrôle le travail à réaliser. La fourmi en a la bonne conscience et s'auto-contrôle pour un rendement optimal. Ainsi, nous devons agir par conscience et de bon cœur : « Tout ce que vous faites, faites-le de bon cœur, comme pour le Seigneur et non pour des hommes, sachant que vous recevrez du Seigneur l'héritage pour récompense. Servez Christ, le Seigneur » (Colossiens 3 :23-24).

3. La fourmi n'a pas de maître

Un maître est un guide. Un seul est notre Maître, « Rabbi Jésus » dans Matthieu 23. Un maître peut également être un mentor, celui qui inspire, fascine et qui constitue un modèle à suivre pour atteindre l'excellence. Celui qui a une expérience supérieure et qui nous élève. Cependant, la fourmi reste concentrée sur son travail sans avoir de coach qui la motive. Elle puise sa force en elle-même et agit sans relâche.

4. La fourmi prépare sa nourriture en été

La fourmi est un insecte très sensible qui sait saisir le moment favorable pour travailler (2 Corinthiens 6 :1-2). Elle a le discernement des temps et des saisons, comme les fils d'Issacar, pour agir en conséquence sans être négligente ou paresseuse. Il y a malheureusement beaucoup de chrétiens qui ratent le temps favorable de Dieu. La plupart des Israélites à l'époque de Jésus n'ont pas connu le temps de la visitation divine à cause de la distraction, de l'incrédulité, du péché, etc. (Matthieu 23 :37-39, Luc 19 :41-44). L'été est la saison où la chaleur du soleil apporte lumière, vie, joie et bénédiction. Cette saison représente « le temps de la visitation », le « Jour » où Jésus accomplit les œuvres du Père : « Il faut que je fasse les œuvres de celui qui m'a envoyé, tandis qu'il est jour ; la nuit vient où personne ne peut travailler » (Jean 9 :4-5).

L'été est le temps de percée spirituelle, d'exploits, de réveil spirituel où les chrétiens doivent être ardents pour le royaume de Dieu (Apocalypse 3 :14-16).

La nourriture représente « le message de l'Évangile », la Parole de Dieu qui doit correspondre au temps marqué. Il y a ainsi une nourriture spirituelle adaptée à chaque saison, Comment une petite fourmi peut vous donner trois grandes leçons de sagesse…

: « Quel est donc le serviteur fidèle et prudent, que son maître a établi sur ses gens, pour leur donner la nourriture au temps convenable ? Heureux ce serviteur, que son maître, à son arrivée, trouvera faisant ainsi ! Je vous le dis en vérité, il l'établira sur tous ses biens » (Matthieu 24 :45-47).

Notre zèle pour la vérité doit être déployé en ces derniers temps pour répandre massivement l'Évangile du royaume dans le monde entier : « Cette bonne nouvelle du royaume sera prêchée dans le monde entier pour servir de témoignage, alors viendra la fin » (Matthieu 24 :15). C'est l'heure de la grande moisson avant le retour de Jésus grâce au Saint-Esprit. En conséquence, « Celui qui amasse pendant l'été est un fils prudent » (Proverbes 10 :5a). La fourmi est présentée ici comme un exemple d'assiduité au travail et de prévoyance : elle se pourvoit de nourriture en été et amasse du grain durant la moisson.

5. La fourmi amasse pendant la moisson

L'intelligence de la fourmi la pousse à préparer ses greniers en vue de la récolte pendant la moisson. Elle ne renonce pas facilement ! Il est essentiel d'amasser des fruits pour le royaume de Dieu durant le temps de la récolte. Jésus disait ceci à ses disciples :

Jean 4 : 35-38

[35] Ne dites-vous pas qu'il y a encore quatre mois jusqu'à la moisson ? Voici, je vous le dis, levez les yeux, et regardez les champs qui blanchissent déjà pour la moisson.

[36] Celui qui moissonne reçoit un salaire, et amasse des fruits pour la vie éternelle, afin que celui qui sème et celui qui moissonne se réjouissent ensemble.

Le Seigneur nous envoie moissonner puisque d'autres ont travaillé avant nous. Avec le zèle que donne l'Évangile de paix, Dieu fait de nous « les pêcheurs d'hommes », car il est nécessaire que les âmes soient amassées pour le royaume des cieux. En revanche, la paresse entraîne le sommeil spirituel pendant la moisson.

Proverbes 10 : 5

[5] Celui qui amasse pendant l'été est un fils prudent, mais celui qui dort pendant la moisson est un fils qui fait honte.

Le roi Salomon condamne avec diligence l'attitude des paresseux :

Proverbes 20 : 4

[4] À cause du froid, le paresseux ne laboure pas ; à la moisson, il voudrait récolter, mais il n'y a rien.

6. La fourmi n'est pas pauvre

Malgré la petitesse de la fourmi en taille et en stature, la sagesse la conduit progressivement et sûrement vers la richesse personnelle ainsi que celle de sa communauté. Proverbes dit aussi que : « tout travail procure l'abondance ». La sagesse, le zèle et le courage réunis ensemble mènent à la richesse spirituelle, financière, matérielle, etc. La sagesse de la fourmi recherche l'excellence et pousse à désirer le meilleur de Dieu tout en évitant l'autosatisfaction.

La sagesse, semblable à celle de la fourmi, associée à un zèle pur, conduit tous ceux qui la possèdent à chercher sans relâche les intérêts du royaume des cieux (Matthieu 6:33).

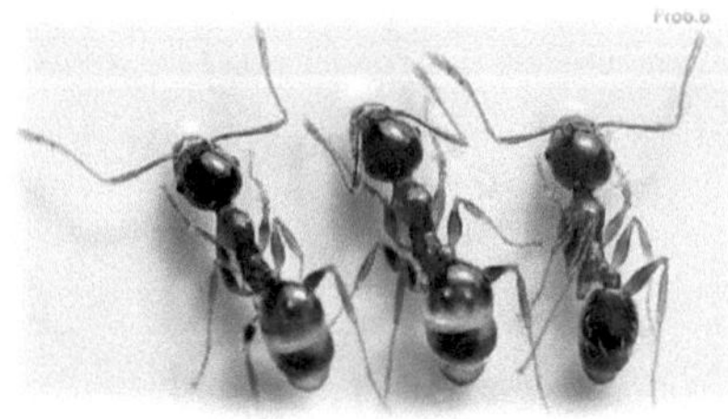

Fig 4 : image de la Fourmi

Va vers la fourmi, paresseux; considère ses voies, et deviens sage. Elle n'a ni chef, ni inspecteur, ni maître; elle prépare en été sa nourriture, elle amasse pendant la moisson de quoi manger. (Prov6.6-8)

La fourmi n'a pas besoin d'un chef, d'un inspecteur ou d'un maître.

Elle sait s'auto-motiver et ne se laisse pas démotiver par les circonstances.

Son secret? **Elle voit à long terme**, et **connait les lois** immuables de la nature.

ça lui donne de **l'espérance** et du **courage**…

*Quand je vois une fourmi, j'aime me rappeler de ses **3 leçons de sagesse** qu'elle me donne:*

1- La fourmi n'abandonne jamais

Si je **mets un obstacle sur sa route**, devinez ce qu'elle fait ?

Elle essaye par un autre endroit. Au-dessus, en dessous, à droite, à gauche…Si je la bloque encore, elle continue **jusqu'à ce qu'elle trouve** un passage.

2- En hiver, la fourmi pense à l'été

Je suis sûr qu'en hiver, la fourmi se dit *"bientôt, ça va être l'été, on a jamais vu 2 hivers de suite de toute façon"*.

Quand c'est vraiment dur, parfois, il n'y a rien d'autre à faire que de tenir le coup.

La nuit ne dure pas 24h, et **l'hiver ne dure pas 12 mois**… c'est jamais arrivé depuis 6000 ans, les chances sont bonnes pour que ça continue ainsi

Quand j'ai des moments vraiment durs dans mon travail, je fixe mon attention sur le fait que (quoiqu'il arrive) la journée sera finie à 19h00…

3- Et puis, surtout, en été, elle pense à l'hiver!

C'est pas parce que tout est beau maintenant que ça va durer **pour toujours**!

En été, **elle prépare activement la saison d'hiver**, car elle se dit *"je ne sais pas combien de temps il nous reste, il va bientôt faire froid, on va se les geler, on a jamais vus 2 été de suite de toute façon!"*

Arrêtez de construire votre maison sur le sable, en vous disant que la tempête ne viendra jamais. **Elle viendra.**

Construisez sur le ROC, et quand la tempête arrive, vous direz *"je t'attendais, à nous deux!"*

Concrètement, comment se préparer quand c'est l'été?

Quand vous êtes **au cœur d'un gros hiver**, financier, relationnel, physique ou émotionnel, et que quelqu'un vous dit *"Dieu t'aime, et toutes choses concourent au bien de ceux qui aime Dieu"*, vous avez probablement juste **envie de lui mettre votre point dans l'œil.**

C'est en été que ce genre de verset doit être assimilé profondément en nous, pour qu'il puisse nous aider le moment venu.

Vous préparez en été, ça veut dire (par exemple) :

- Apprendre, lire (la Bible, mais pas seulement)
- Méditer, ruminer, repenser à ce qu'on a lu ou entendu
- Se former pour anticiper un changement de carrière
- Tisser des liens, collecter des contacts, des relations
- Acquérir de l'expérience, tenter de nouvelles choses
- Prendre soin de notre conjoint, nos enfants

Dans des moments comme ça, vous pouvez renforcer ce que vous croyez, re-valider ce qui compte vraiment pour vous.

Définir vos objectifs selon les critères bibliques…

Puis rechercher vos forces et vos talents…

Ou trouver de quelle façon les mettre en action.

Vous pouvez aussi réfléchir à quel type de personne vous aimeriez être, et **définir ce que vous devriez travailler** en premier pour vous en approcher…

Dieu, la science et la Bible : Ce que la fourmi nous enseigne !

Salomon nous exhorte à considérer les voies de la fourmi afin de devenir sages (Proverbes 6:6).

La plupart d'entre nous considèrent plutôt la fourmi comme un parasite – une nuisance indésirable qui perturbe notre pique-nique ou envahit notre cuisine. Toutefois, il y a tant de choses à apprendre au sujet de ce petit insecte.

Elle représente l'antithèse vivante de la paresse

Pourquoi Salomon admirait-il ainsi la fourmi ? « Elle n'a ni chef, Ni inspecteur, ni maître ; Elle amasse pendant la moisson de quoi manger. » (Proverbes 6:7-8) Salomon met au défi une personne habituellement paresseuse, l'incitant à apprendre comment ces petites créatures pleines d'énergie et de courage accomplissent sans relâche leur travail — et sans qu'aucun ordre ne leur soit donné ! Salomon dénonce la façon dont un paresseux dort trop longtemps et au mauvais moment (Proverbes 6:10-11).

Sa devise : « Un peu de sommeil, un peu d'assoupissement, Un peu croiser les mains pour dormir … » Lorsque le réveil sonne, par habitude, sa main lourde appuie sur le bouton pour arrêter la sonnerie ! La journée terminée, il n'a encore rien fait.

Par habitude, il devient professionnel dans l'art de remettre à plus tard. Lorsque des opportunités dans la vie se présentent à lui — tout comme elles se présentent à ceux qui font de bons choix et réussissent — il les gaspille. Salomon met en garde contre un tel comportement qui ne conduit qu'à la pauvreté, et le véritable danger est celui de la pauvreté spirituelle. Pourtant, il y a d'autres observations à faire concernant la fourmi.

La fourmi ouvrière ou l'oeuf ? — au défi de l'évolution

Bien que la fourmilière ait une reine et qu'elle ne puisse pas survivre sans elle, la seule fonction de cette reine est de pondre des oeufs. Dans une étude effectuée sur une colonie de fourmis coupeuses de feuilles — selon le documentaire de la BBC 2013 intitulé *Planet Ant : Life inside the Colony* (La planète des fourmis : la vie à l'intérieur de la colonie) — il a été calculé que la reine pondait environ 30 000 oeufs.

Les myrmécologistes (les experts en fourmis) affirment que tous les oeufs sont exactement identiques. Pourtant, fait remarquable, *la quantité de nourriture* qu'une fourmi travailleuse donne à chaque oeuf, détermine si celui-ci devient une autre fourmi ouvrière, une fourmi soldat ou une reine ! Pensez à l'importance de ce que cela signifie — que contient donc cet aliment ?

Augmenter la quantité de nourriture afin d'obtenir une plus grande fourmi se comprend fort bien. Mais comment expliquer qu'une quantité différente de la même nourriture puisse créer des fourmis destinées à occuper des fonctions différentes ? Il n'est pas surprenant que le film ne donne aucune explication.

Pouvez-vous même imaginer une théorie pouvant expliquer l'évolution d'un tel phénomène ? Comment la fourmi ouvrière peut-elle « savoir » qu'elle doit aller vers un oeuf en particulier et le nourrir d'une certaine manière ?

Comment l'évolution pourrait-elle produire à chaque fois, et par chance, une répartition équilibrée des différents types de fourmis pour le bon fonctionnement de la colonie ? De plus, la véritable question est de savoir — tout comme le fameux dilemme de la poule et de l'oeuf — d'où est-ce que l'oeuf de la première fourmi ouvrière a-t-il obtenu ce qui lui était nécessaire afin de devenir la première fourmi ouvrière ?

Comme il en est de toute la merveilleuse création de Dieu, l'ensemble des caractéristiques uniques ainsi que les différents éléments nécessaires ont dû oeuvrer parfaitement la toute première fois, sans quoi la colonie de fourmis n'aurait pas survécu, et encore moins prospéré. Bien que le film fasse de vagues références à l'évolution, il déclare avec une certaine admiration : « Dans cette oeuvre, rien n'est laissé au hasard ». Comme cela est vrai !

Des qualités de porteuses extraordinaires

Les fourmis coupeuses de feuilles ne les coupent pas comme les naturalistes le pensaient. Elles n'utilisent pas leurs mandibules comme une paire de ciseaux. Elles maintiennent une feuille solidement à l'aide d'une de leurs mandibules, puis font tomber l'autre rapidement à la manière d'une guillotine !

Les fourmis coupeuses de feuilles s'ancrent également avec leurs pattes arrière, ce qui fait que plus la fourmi est grande, plus large est la coupe dans la feuille. Le film appelle cela « un dispositif très efficace pour assurer que les plus grandes fourmis portent les charges les plus importantes. »

Bien que son apparence ne suggère pas la force, la fourmi ouvrière peut néanmoins transporter jusqu'à quatre fois son poids, sur près d'un kilomètre, ce qui équivaut à des centaines de kilomètres pour un être humain. Certaines sources affirment qu'une fourmi peut soulever 20 fois le poids de son propre corps !

En comparaison, quels sont les plus lourds poids soulevés par les plus forts êtres humains ? Le record officiel de l'épaulé jeté dans la catégorie masculine des « 105 kg et plus » est détenu par l'Iranien Hossein Reza Zadeh — 263 kg, record obtenu lors des Jeux olympiques d'Athènes en 2004. Dans la catégorie féminine des « 75 kg et plus » aux mêmes Jeux olympiques, la chinoise Gonghong Tang a soulevé 182,5 kg. Cela représente environ deux fois et demi leur poids.

Ces performances humaines ont été le résultat d'un entraînement rigoureux, d'une bonne alimentation et de beaucoup de détermination — et certainement pas d'un hasard aveugle. Elles ne sont aucunement comparables aux prouesses d'une fourmi ordinaire !

Les fourmis peuvent-elles prévoir les séismes ?

Lors d'une étude remarquable, il a été observé que les fourmis rouges des bois qui vivent le long des failles actives en Allemagne, ont modifié leur comportement la veille d'un tremblement de terre (de magnitude 2 ou plus). Au lieu de rassembler leur nourriture dans la journée et de se reposer la nuit, elles sont restées actives toute la nuit. Le lendemain du tremblement de terre, elles reprirent leurs habitudes.

Ces résultats surprenants ont été présentés le 11 avril 2013, par Gabriele Berberich de l'Université de Duisburg-Essen en Allemagne lors de la réunion annuelle de l'Union européenne des géosciences à Vienne, en Autriche.

Utilisant un appareil photo et un logiciel spécialisé, Berberich et ses collègues suivirent le déplacement des fourmis pendant trois ans, de 2009 à 2012. Pendant cette période, il y eut 10 tremblements de terre de magnitude 2,0 à 3,2.

Comment les fourmis pressentent-elles la venue d'un tremblement de terre? Berberich envisage deux théories: soit elles enregistrent l'évolution des émissions de gaz à l'aide de cellules spéciales appelées chémorécepteurs, soit elles réagissent à de minuscules changements du champ magnétique de la terre à l'aide de leurs magnétorécepteurs.

Pour la première fois, les scientifiques ont donc noté que les fourmis réagissent avant la venue d'un tremblement de terre. Berberich envisage de procéder à des recherches similaires dans les zones sujettes à de plus en plus grands séismes — dans l'espoir de sauver de nombreuses vies.

L'imitation et l'efficacité dans la technologie

En 2006, des chercheurs de l'Université de Bristol, en Angleterre, ont passé d'innombrables heures à analyser les fourmis *Temnothorax albipennis* à la recherche de leur nourriture. Ils ont constaté que les deux fourmis leaders et les suiveuses semblaient travailler en tandem afin de fournir un flux bidirectionnel d'informations.

Bien qu'une fourmi leader puisse courir et atteindre la nourriture quatre fois plus vite si elle est seule, elle travaille néanmoins avec une fourmi suiveuse afin de lui enseigner comment trouver la nourriture et se souvenir de son emplacement. La fourmi qui enseigne semble adapter son rythme en fonction de la capacité de la fourmi suiveuse. Puisque les colonies de fourmis semblent fonctionner dans une communication sans faille, les chercheurs analysent ce que nous devrions imiter en nous inspirant de leur exemple.

Le monde actuel, axé sur la technologie, « considère les voies de la fourmi » pour en tirer des indices afin de résoudre des problèmes techniques.

Examinons la capacité des fourmis à déterminer rapidement le chemin le plus efficace vers leur nourriture afin de la ramener à la colonie. En termes simples, lorsqu'une fourmi arrive à un croisement, si elle trouve de la nourriture sur le chemin de gauche, elle y laisse une odeur. Si elle ne trouve aucune nourriture sur celui de droite, la fourmi revient au croisement et ne laisse aucune odeur sur la voie de droite. À cette jonction, le reste des fourmis emprunte le chemin où se trouve l'odeur, renforçant ainsi le signal.

Reconnaissant le succès évident de cette technique, une entreprise d'envergure nationale prend en considération les méthodes des fourmis afin de déterminer la meilleure séquence de livraison de ses entrepôts. Les experts du voyage dans l'espace étudient ces facteurs pour lancer un vaisseau spatial d'une planète à une autre se servant de la gravitation dans le but d'obtenir une efficacité énergétique maximale.

Voici quelques-unes des découvertes remarquables que les chercheurs ont faites sur les fourmis. En effet, selon le conseil de Salomon, nous avons beaucoup à apprendre d'elles! Depuis plus de 3000 ans, des hommes et des femmes, pleins de sagesse, ont constaté qu'il est bon de prendre le temps de « considérer » cet élément incroyable de la création de Dieu !

La Fourmi : Un Modèle De Prévoyance Et Diligence

Dans la Bible, la fourmi a une excellente réputation et apparaît en deux endroits dans le livre des Proverbes (6:6 et 30:25). Ce petit insecte est le modèle de la prévoyance et de l'activité, souvent cité dans les fables de Jean de La Fontaine et d'Ésope.

La Sagesse de la Fourmi

L'auteur des Proverbes, au chapitre 6, verset 6, conseille aux paresseux de suivre l'exemple de la fourmi. Ce conseil rappelle la célèbre fable de La Cigale et la Fourmi. Dans le chapitre 30, verset 25, la fourmi est mentionnée parmi les quatre petits êtres sur terre considérés comme sages. Les trois autres sont le daman, les sauterelles et les lézards.

La Vie de Préparation

La sagesse de la fourmi se manifeste par son soin de préparer, durant l'été, des provisions pour l'hiver.

Bien que certains chercheurs soutiennent que les fourmis hibernent et n'ont pas besoin de réserves pour l'hiver, il existe en Israël deux espèces de fourmis qui font des provisions pour cette saison.

Les Proverbes en Référence

Proverbes 6: 6-8

6 Va voir la fourmi, paresseux !

Observe ses mœurs et deviens sage :

7 Elle n'a ni magistrat, ni surveillant, ni chef.

8 Durant l'été, elle assure sa provende et amasse au temps de la moisson sa nourriture.

Proverbes 30: 24-28

24 Il existe sur terre quatre êtres minuscules mais sages parmi les sages :
25 Les fourmis, peuple chétif, qui en été assurent leur provende ;
26 Les damans, peuple sans vigueur, qui gîtent dans les rochers ;
27 Les sauterelles, sans roi, mais qui marchent toutes en bon ordre ;
28 Le lézard, que l'on capture à la main, mais qui hante les palais du roi.

Leçons de Diligence

Ce proverbe sert de signal d'alarme contre les dangers de la paresse. Dans nos sociétés modernes, où la paresse devient de plus en plus acceptable, la Bible nous enseigne que celle-ci mène finalement à la destruction. La fourmi démontre que l'on peut travailler dur, même sans surveillance, et qu'il est judicieux de planifier à l'avance pour les moments difficiles.

Nous devrions donc imiter la fourmi en agissant avec prévoyance et diligence. Le temps est précieux, et nous ne devons pas le perdre, mais au contraire, travailler avec ardeur quelle que soit la tâche qui nous est confiée.

Le deuxième livre de la Révélation divine, après la Bible, est assurément celui de la nature. Notre terre ne cesse de nous émerveiller, de nous fasciner et de nous instruire. Quelle que soit la façon dont nous l'abordons, notre belle planète bleue est interpellante. Elle fait l'objet de tant de recherches… Est-ce que notre condition humaine échappe aux lois qui régissent ce monde de la vie ? Depuis peu, une prise de conscience s'est faite autour du concept du développement durable qui prend en compte le nécessaire respect des équilibres de notre proche univers. Cette bonne volonté doit être dépassée par une observation plus attentive de notre environnement. N'y a-t-il pas matière à réflexion dans cette observation de la nature ? N'y lit-on pas l'énoncé de valeurs importantes qui y sont inscrites ? Plus simplement est-ce que cette nature est un puits d'éducation ?
La Parole du Créateur nous invite à tirer le meilleur profit pour nos vies de toutes ces simples leçons de chose contenues dans ce grand livre.

La Fourmi : Une Parabole pour le Peuple de Dieu

Dans les Proverbes, Salomon nous invite à prendre exemple sur la fourmi : « Peuple sans force, elles préparent en été leur nourriture » (Proverbes 30 :25). Plus loin, il reprend cette idée : « Va vers la fourmi, paresseux ; elle n'a ni capitaine, ni secrétaire, ni maître, elle prépare en été sa nourriture, elle amasse pendant la moisson de quoi manger » (Proverbes 6 :6-8).

Bien que la fourmi semble fragile et sans force, elle a traversé les âges grâce à sa prodigieuse capacité de communication. Les fourmis utilisent des moyens de communication complexes et variés : tactiles, chimiques, et auditifs. Afin de garantir leur survie, elles ont développé un système de communication sophistiqué qui permet d'éviter des erreurs fatales. Par exemple, lorsque l'une d'elles trouve de la nourriture, elle peut alerter rapidement une multitude de ses congénères en l'espace de dix minutes.

En apparence, il n'y a ni capitaine, ni secrétaire, ni maître parmi elles. En réalité, chaque fourmi est à la fois chef et serviteur pour les autres, partageant toutes les informations collectées pour le bien de la colonie. Elles stockent leur nourriture dans un "jabot social," une sorte de poche séparée de leur estomac, qu'elles régurgitent en activant des muscles spécifiques pour nourrir une autre ouvrière. Cette coopération démontre un sens aigu de la prévoyance, renforçant l'idée que « la fourmi n'est pas prêteuse, c'est là son moindre défaut » comme l'a dit La Fontaine.

En cas de danger, les fourmis se défendent en projetant de l'acide formique, concentré à plus de 50%. Elles déclenchent également une alerte générale en frappant le sol de leur tête, signalant à toutes de se préparer à l'action. Cette réponse coordonnée et rapide permet à toute la colonie de se défendre efficacement.

Leçon pour le Peuple de Dieu

Ne trouvez-vous pas que ce comportement collectif des fourmis ressemble à une parabole pour le peuple de Dieu ? Dans un contexte humain et ecclésial, il n'y a pas non plus de place pour des « capitaines » ou « maîtres » car nous avons tous reçu le même enseignement et sommes appelés à le transmettre, selon les dons que nous a répartis le Saint-Esprit. « Dieu... nous a marqués d'un sceau et a mis dans nos cœurs les arrhes de l'Esprit » (2 Corinthiens 1:22 et 2 Corinthiens 5:5).

Jésus a enseigné que nous ne devrions pas nous faire appeler « Maître » car un seul est notre Maître, et nous sommes tous frères (Matthieu 23:8-10). En tant que communauté chrétienne, ayant reçu les mêmes vérités, nous devrions être les uns pour les autres des veilleurs et des encouragements, et non des surveillants (Hébreux 10:24).

La joie et la force du peuple de Dieu résident dans la transmission de ce que chacun a reçu. La solidarité, comme chez les fourmis, devient la force du groupe ; nous sommes des compagnons de route, des soutiens dans l'adversité. « Par amour fraternel, soyez pleins d'affection les uns pour les autres ; par honneur, usez de prévenance réciproque. Soyez fervents d'esprit. Servez le Seigneur » (Romains 12:10-11).

Apprendre des Fourmis

Que se passerait-il si les fourmis se rivalisaient entre elles ? Leur société s'effondrerait. De même, pour que notre communauté prospère, nous devons, comme les fourmis, apprendre à nous reconnaître et à nous apprécier mutuellement dans la diversité de nos dons et talents. Quand l'Esprit de Dieu anime un groupe, sa force rayonnante est manifeste. À l'image de la fourmi, unis dans la diversité, nous pouvons bâtir une communauté résiliente et fidèle.

Ce qu'il faut retenir de la fourmi

Les Leçons de la Fourmi : Une Illustration de la Sagesse Divine

La fourmi est l'un des plus petits insectes, mais elle nous enseigne de grandes leçons sur la sagesse, la diligence, la prévoyance et le travail d'équipe. La Bible utilise souvent les traits de la fourmi pour illustrer des principes de vie essentiels pour les croyants. Ces enseignements sont intemporels et pertinents pour notre croissance spirituelle et notre vie quotidienne. Explorons les leçons importantes que nous pouvons tirer de cet insecte, avec des références bibliques qui nous éclairent davantage.

1. La Diligence et le Travail Acharné

L'une des leçons les plus évidentes que nous apprenons de la fourmi est la diligence. Les fourmis sont connues pour leur capacité à travailler sans relâche, jour après jour, sans être supervisées. Elles sont constamment en mouvement, récoltant de la nourriture, construisant et entretenant leurs nids, et prenant soin de leur colonie. Leur dévouement au travail est un modèle de persévérance et de détermination.

Proverbes 6 :6-8 dit : « Va vers la fourmi, paresseux ; considère ses voies, et deviens sage. Elle n'a ni chef, ni surveillant, ni maître ; elle prépare en été sa nourriture, elle amasse pendant la moisson de quoi manger. » Ce passage montre que la diligence est une qualité que Dieu valorise. La fourmi n'attend pas d'être dirigée ou forcée ; elle sait ce qui doit être fait et le fait avec zèle. De même, nous sommes appelés à être diligents dans nos efforts, qu'ils soient spirituels, professionnels ou personnels.

2. La Préparation et la Prévoyance

Une autre leçon précieuse que nous apprenons des fourmis est la prévoyance. Les fourmis ne vivent pas uniquement pour le moment présent. Elles préparent et amassent de la nourriture en été pour se préparer à l'hiver à venir, quand il sera plus difficile de trouver de quoi manger. Cette capacité à anticiper les besoins futurs et à planifier en conséquence est une qualité essentielle pour tout chrétien.

Proverbes 30 :25 nous rappelle : « Les fourmis, peuple sans force, qui préparent en été leur nourriture. » Ce verset montre que malgré leur petite taille et leur apparente faiblesse, les fourmis sont sages parce qu'elles prévoient l'avenir. Dans notre vie spirituelle, il est important d'être préparé et de planifier à l'avance, tant sur le plan matériel que spirituel. Jésus a aussi enseigné l'importance de la préparation lorsqu'il a parlé des vierges sages et des vierges folles dans Matthieu 25:1-13, où les vierges sages étaient prêtes pour l'arrivée de l'époux parce qu'elles avaient prévu suffisamment d'huile pour leurs lampes.

3. Le Travail d'Équipe et la Communauté

Les fourmis nous enseignent aussi l'importance du travail d'équipe et de la communauté. Une fourmi seule ne peut pas accomplir grand-chose, mais en tant que partie d'une colonie, elle peut réaliser des exploits impressionnants. Les fourmis travaillent ensemble, chacune ayant un rôle spécifique à jouer pour le bien-être de la communauté. Elles coopèrent, se soutiennent et partagent la nourriture.

Ce principe de travail d'équipe est illustré dans la Bible par l'apôtre Paul, qui utilise l'analogie du corps pour décrire comment chaque croyant joue un rôle vital dans l'Église. 1 Corinthiens 12:12-27 explique que, tout comme le corps humain a de nombreux membres avec des fonctions différentes, l'Église est un corps avec divers membres ayant des rôles et des dons différents. Chaque membre est essentiel pour le bon fonctionnement du corps entier. Les fourmis démontrent que l'unité et la coopération sont essentielles pour surmonter les défis et atteindre les objectifs communs.

 4. L'Importance de l'Initiative et de l'Autodiscipline

Les fourmis n'ont ni chef ni surveillant pour les obliger à travailler, mais elles sont disciplinées et prennent des initiatives. Cette autodiscipline et cette capacité à agir sans surveillance sont des qualités que Dieu apprécie. En tant que croyants, nous sommes appelés à être responsables et à prendre des initiatives dans notre vie spirituelle et professionnelle.

Colossiens 3 :23 dit : « Tout ce que vous faites, faites-le de bon cœur, comme pour le Seigneur et non pour des hommes. » Ce verset nous rappelle que notre travail et nos efforts doivent être faits avec diligence et intégrité, non pas seulement lorsque nous sommes surveillés, mais en tout temps, sachant que nous travaillons pour le Seigneur.

5. La Sagesse de Savoir Utiliser le Temps

Les fourmis sont sages parce qu'elles savent utiliser leur temps efficacement. Elles ne se reposent pas paresseusement ; au lieu de cela, elles travaillent avec un sens de l'urgence pendant les périodes favorables pour être prêtes quand les temps sont difficiles. Cela nous enseigne l'importance de ne pas gaspiller notre temps mais de l'utiliser judicieusement pour accomplir la volonté de Dieu.

Éphésiens 5 :15-16 déclare : « Prenez donc garde de vous conduire avec circonspection, non comme des insensés, mais comme des sages ; rachetez le temps, car les jours sont mauvais. » Ce passage nous exhorte à utiliser notre temps avec sagesse et à ne pas le gaspiller. Les fourmis montrent l'exemple en utilisant chaque jour pour se préparer et être prêtes pour l'avenir.

6. La Patience et la Persévérance

Enfin, les fourmis nous enseignent la valeur de la patience et de la persévérance. Elles travaillent sans relâche, même lorsqu'elles rencontrent des obstacles. Elles continuent de travailler sans se décourager. Cette persévérance est une qualité essentielle pour les croyants, car la vie chrétienne est souvent comparée à une course d'endurance où la persévérance est nécessaire pour atteindre le but.

Hébreux 12 :1 nous encourage : « Courons avec persévérance dans la carrière qui nous est ouverte. » Comme les fourmis, nous devons être persévérants et ne pas abandonner malgré les défis et les obstacles.

Les fourmis, par leur comportement et leur manière de vivre, nous enseignent des leçons profondes sur la diligence, la prévoyance, le travail d'équipe, l'initiative, l'utilisation sage du temps, et la persévérance. Ces leçons sont en parfait accord avec les enseignements bibliques et nous montrent comment nous pouvons appliquer ces principes dans notre vie pour grandir spirituellement et être plus efficaces dans notre service à Dieu et aux autres. À travers l'exemple des fourmis, Dieu nous appelle à être sages, diligents, et prêts à travailler ensemble pour accomplir ses desseins.

"Va vers la fourmi, paresseux ; Considère ses voies, et sois sage" (Proverbes 6:6). Ce conseil divin nous invite à observer la nature, et plus particulièrement la fourmi, pour en tirer des leçons précieuses sur la vie chrétienne.

La Fourmi, Modèle de Diligence et de Prévoyance

La fourmi est connue pour son industrie incessante. Elle travaille sans relâche pour amasser de la nourriture en prévision des temps de disette. "Elle n'a ni chef, ni inspecteur, ni maître ; Pourtant elle amasse sa nourriture pendant l'été, Elle amasse sa nourriture pendant la moisson" (Proverbes 6 :7-8). Ce verset souligne l'initiative personnelle et la prévoyance de la fourmi.

Application spirituelle : Tout comme la fourmi prépare l'avenir, nous sommes appelés à utiliser nos talents et nos ressources pour servir Dieu et notre prochain. Jésus nous exhorte : "Occupez-vous jusqu'à ce que je vienne" (Luc 19 :13). Nous devons être des bons serviteurs, prêts à travailler à la vigne du Seigneur.

La Fourmi, un Leader Intégré dans la Communauté

La fourmi ne travaille pas seule. Elle est un maillon essentiel d'une chaîne complexe, où chaque individu a un rôle à jouer. "Les fourmis, peuple peu puissant, Préparent leur nourriture pendant l'été" (Proverbes 30 :25). Elles agissent en parfaite coordination, démontrant ainsi l'importance de l'unité et de la collaboration.

Application spirituelle : L'Église est comparée à un corps dont chaque membre est important (1 Corinthiens 12). Nous devons travailler ensemble, en utilisant nos dons spirituels respectifs, pour bâtir le royaume de Dieu. Comme Paul l'écrit : "Portons les fardeaux les uns des autres, et accomplissez ainsi la loi de Christ" (Galates 6 :2).

La Fourmi, Symbole de la Persévérance

Malgré sa petite taille, la fourmi est capable de déplacer des objets bien plus lourds qu'elle. Elle incarne ainsi la persévérance et la détermination. "Si tu tombes, relève-toi" (Proverbes 24 :16). Cette parole nous encourage à ne pas nous laisser décourager par les difficultés, mais à persévérer dans la foi.

Application spirituelle : Notre foi est souvent mise à l'épreuve. Les difficultés et les épreuves font partie de la vie chrétienne. Cependant, comme la fourmi, nous devons persévérer dans la prière et dans l'obéissance à Dieu. "Et persévérons dans la course qui nous est proposée, ayant les regards fixés sur Jésus, auteur et consommateur de la foi" (Hébreux 12 :2).

Conclusion

La fourmi, humble insecte, nous enseigne des leçons précieuses sur la diligence, l'unité, la persévérance et la foi. En imitant ses qualités, nous pouvons devenir des disciples de Christ plus fidèles et plus efficaces.

Appel à l'action :

Engageons-nous à servir Dieu : Utilisons nos talents pour bâtir son royaume. Cultivons l'unité : Travaillons ensemble en harmonie au sein de l'Église. Persévérons dans la foi : Ne nous laissons pas décourager par les difficultés.

Prière :

Père céleste, merci pour les leçons que nous tirons de ta création. Aide-nous à devenir des disciples plus fidèles, en imitant la diligence de la fourmi. Accorde-nous la force de persévérer dans notre foi, malgré les épreuves. Au nom de Jésus-Christ, amen.

CHAPITRE 3

LES OISEAUX, MESSAGERS DE L'ESPRIT ET DU CORPS

Leçons Bibliques Tirées de la Vie de l'Oiseau

Dans la nature, les oiseaux nous offrent de précieux enseignements spirituels. Leur dévouement, leur persévérance et leur confiance en la provision divine sont des métaphores puissantes que l'on retrouve dans la Bible. Voici quelques leçons bibliques que nous pouvons tirer de la vie d'un oiseau, de la construction de son nid à la manière dont il nourrit ses petits.

1. La Persévérance et la Diligence dans la Construction du Nid

La manière dont l'oiseau construit son nid, feuille après feuille, brindille après brindille, est un exemple frappant de persévérance et de diligence. L'oiseau ne se décourage pas même si le processus est long et laborieux. Il rassemble chaque matériau avec soin, prenant le temps nécessaire pour bâtir un abri sûr pour sa famille.

Dans Proverbes 6 :6-8, il est écrit : « Va vers la fourmi, paresseux ; considère ses voies, et deviens sage. Elle n'a ni chef, ni inspecteur, ni maître ; elle prépare en été sa nourriture, et amasse pendant la moisson de quoi manger. » Bien que le verset fasse référence à la fourmi, la leçon de persévérance et de travail acharné est tout aussi applicable à l'oiseau. En construisant patiemment son nid, l'oiseau nous rappelle l'importance de travailler diligemment dans la vie et de bâtir une fondation solide pour nos familles et nos vies spirituelles.

2. La Protection et les Soins Parentaux

Une fois le nid construit, l'oiseau se consacre à protéger et nourrir ses petits avec un amour et un dévouement remarquables. Il veille à ce que ses petits soient en sécurité et aient suffisamment de nourriture pour grandir. Cela nous rappelle l'amour inconditionnel de Dieu pour Ses enfants. Dans Matthieu 23 :37, Jésus utilise l'image d'une poule qui protège ses poussins sous ses ailes pour décrire Son désir de rassembler et de protéger Son peuple : « Combien de fois ai-je voulu rassembler tes enfants, comme une poule rassemble ses poussins sous ses ailes, et vous ne l'avez pas voulu ! »

De la même manière, les parents chrétiens sont appelés à prendre soin de leurs enfants, à pourvoir à leurs besoins et à les protéger des dangers spirituels et physiques, tout en les guidant avec amour et sagesse.

3. La Foi en la Providence Divine

Les oiseaux ne se préoccupent pas de ce qu'ils mangeront ou de ce qu'ils boiront ; ils vivent dans une confiance totale en la provision de Dieu. Jésus nous encourage à apprendre de cette confiance lorsqu'Il dit dans Matthieu 6 :26 : « Regardez les oiseaux du ciel : ils ne sèment ni ne moissonnent, et ils n'amassent rien dans des greniers ; et votre Père céleste les nourrit. Ne valez-vous pas beaucoup plus qu'eux ? » Ce verset nous enseigne à vivre avec une foi semblable, en comptant sur Dieu pour subvenir à nos besoins.

En observant les oiseaux qui vivent sans anxiété, nous apprenons à relâcher nos inquiétudes et à faire confiance à Dieu, qui prend soin de nous et pourvoit à nos besoins. Cela nous enseigne également que la valeur que nous avons aux yeux de Dieu est immense et qu'Il est notre pourvoyeur fidèle.

4. L'Instruction Spirituelle et la Transmission de la Foi

L'oiseau nourrit ses petits avec patience et dévouement, leur enseignant où trouver de la nourriture et comment survivre. Cela symbolise le rôle des parents et des responsables spirituels dans l'instruction de la foi et la transmission de la sagesse biblique aux générations suivantes. Proverbes 22 :6 déclare : « Instruis l'enfant selon la voie qu'il doit suivre ; et quand il sera vieux, il ne s'en détournera pas. »

Les parents sont encouragés à nourrir leurs enfants non seulement physiquement mais aussi spirituellement, en les élevant dans la connaissance de la Parole de Dieu et en leur enseignant à faire confiance à Dieu.

5. Le Lieu de Refuge et de Repos en Dieu

Enfin, le nid de l'oiseau est un lieu de sécurité, de repos et de refuge. Cela nous rappelle que Dieu est notre refuge et notre abri. Psaume 84 :3 dit : « Même le passereau trouve une maison, et l'hirondelle un nid où elle dépose ses petits... » Cela montre que tout comme un oiseau trouve un endroit pour se reposer et se sentir en sécurité, nous trouvons notre paix et notre repos en Dieu.

Le nid construit par l'oiseau est une métaphore de la sécurité que nous trouvons en Dieu, un abri contre les tempêtes de la vie. Nous devons toujours nous rappeler que Dieu est notre refuge, et en Lui, nous trouvons repos et sécurité.

La vie d'un oiseau, de la construction de son nid à la manière dont il prend soin de ses petits, est riche d'enseignements spirituels. Ils nous montrent l'importance de la persévérance, de la confiance en la providence de Dieu, du soin parental et de la transmission de la foi. En observant ces créatures de Dieu, nous pouvons apprendre à mieux vivre notre foi, à bâtir des fondations solides, à prendre soin les uns des autres, et à reposer dans la providence divine.

Leçons de Vie des Oiseaux en Communauté

Les oiseaux, par leur comportement social et leur mode de vie en communauté, nous offrent de précieuses leçons sur la coopération, l'harmonie et la solidarité. Voici quelques enseignements que nous pouvons tirer de leur existence collective, soutenus par des bases et des versets bibliques.

1. La Coopération

Les oiseaux vivent souvent en groupes, que ce soit pour migrer, se nourrir ou se protéger des prédateurs. Cette coopération leur permet de surmonter les défis de la vie. Par exemple, les oiseaux migrateurs volent en formation en V, ce qui réduit la résistance de l'air et leur permet de parcourir de plus longues distances ensemble.

Ecclésiaste 4 :9-10

« Deux valent mieux qu'un, parce qu'ils ont un bon salaire de leur travail. Car s'ils tombent, l'un relève son compagnon ; mais malheur à celui qui est seul et qui tombe, sans avoir un second pour le relever. »

2. L'Harmonie

Les oiseaux communiquent entre eux par des chants et des cris, créant ainsi une harmonie au sein de leur groupe. Cette communication est essentielle pour maintenir des liens sociaux et coordonner leurs activités.

Psaume 104 :12

« Près d'eux habitent les oiseaux du ciel ; ils élèvent la voix parmi les feuillages. »

Ce verset souligne l'importance de la communication et de l'harmonie dans la nature.

3. La Protection Mutuelle

Les oiseaux se protègent mutuellement contre les prédateurs. En formant des groupes, ils augmentent leurs chances de survie. Par exemple, les oiseaux de proie chassent souvent en groupe pour capturer des proies plus grandes.

Proverbes 27 :17
« Comme le fer aiguise le fer, ainsi un homme aiguise le visage de son ami. »
Cela nous rappelle l'importance de la protection et du soutien mutuel dans nos relations.

4. La Diversité et l'Unité

Les oiseaux d'une même espèce peuvent avoir des caractéristiques différentes, mais ils travaillent ensemble pour atteindre des objectifs communs. Cette diversité au sein de l'unité est essentielle pour la survie de l'espèce.

1 Corinthiens 12 :12-14

« Car, comme le corps est un et a plusieurs membres, et que tous les membres, bien qu'ils soient plusieurs, ne forment qu'un seul corps, ainsi en est-il de Christ. »

Ce passage souligne l'importance de la diversité au sein de l'unité dans la communauté.

Les oiseaux nous enseignent des leçons précieuses sur la vie en communauté, notamment la coopération, l'harmonie, la protection mutuelle et la diversité. En appliquant ces principes dans nos vies, nous pouvons construire des relations plus solides et des communautés plus unies, à l'image de la création divine.

Ce qu'il faut savoir sur la nutrition des oisillons

Les oiseaux nourrissent leurs petits avec beaucoup de soin et d'attention, et cette pratique peut inspirer plusieurs enseignements bibliques sur l'amour, la protection, et la provision de Dieu.

Comment les oiseaux nourrissent leurs petits

Les oiseaux nourrissent leurs petits en leur apportant de la nourriture qu'ils trouvent dans la nature. Les parents, en particulier la mère oiseau, cherchent de la nourriture comme des insectes, des graines, ou des petits fruits. Ensuite, ils ramènent cette nourriture au nid, souvent la mâchent pour la rendre plus facile à digérer, et la donnent directement dans le bec des oisillons.

Les parents oiseaux font preuve de beaucoup de dévouement, se sacrifiant parfois pour s'assurer que leurs petits aient tout ce dont ils ont besoin pour grandir et se développer. Cette période de nourrissage est cruciale pour la survie et le développement des oisillons jusqu'à ce qu'ils soient suffisamment forts pour voler et se nourrir par eux-mêmes.

Enseignements Bibliques Tirés de la Nourriture des Oiseaux

1. **La Providence de Dieu** : Dans la Bible, Jésus parle de la manière dont Dieu prend soin des oiseaux du ciel comme un rappel de Sa providence et de Sa sollicitude pour Ses enfants. Dans Matthieu 6:26, il est dit : *"Regardez les oiseaux du ciel : ils ne sèment ni ne moissonnent, et ils n'amassent rien dans des greniers; et votre Père céleste les nourrit. Ne valez-vous pas beaucoup plus qu'eux?"*. Ce verset nous

enseigne que tout comme Dieu prend soin des oiseaux, Il pourvoit à nos besoins, nous appelant à avoir foi en Lui plutôt que de nous inquiéter.

2. **L'Amour et la Protection Parentale** : De la même manière que les oiseaux prennent soin de leurs petits avec un dévouement total, Dieu nous montre Son amour et Sa protection. Dans le Psaume 91:4, il est écrit : *"Il te couvrira de ses plumes, et tu trouveras un refuge sous ses ailes; sa fidélité est un bouclier et une armure."* Cette image de Dieu comme un oiseau qui protège ses petits sous ses ailes montre l'amour attentif et protecteur de Dieu pour Ses enfants.

3. **Le Sacrifice et la Diligence** : Les oiseaux consacrent leur énergie et leur temps à chercher de la nourriture pour leurs petits, même s'ils doivent voler sur de longues distances. Cela peut nous rappeler l'importance du sacrifice et de la diligence dans notre propre vie spirituelle et dans nos relations familiales. Comme les parents oiseaux, nous sommes appelés à servir avec amour et diligence, même lorsque cela demande des sacrifices personnels.

4. **La Dépendance et la Confiance** : Les oisillons dépendent entièrement de leurs parents pour leur nourriture et leur protection. De même, Dieu nous invite à dépendre entièrement de Lui et à Lui faire confiance pour nos besoins quotidiens, comme il est dit dans Proverbes 3:5-6 : *"Confie-toi en l'Éternel de tout ton cœur, et ne t'appuie pas sur ta propre intelligence; reconnais-le dans toutes tes voies, et il aplanira tes sentiers.*

En observant la façon dont les oiseaux nourrissent leurs petits, nous pouvons tirer de riches enseignements bibliques sur la manière dont Dieu prend soin de nous avec amour et providence. Tout comme les oiseaux, nous devons apprendre à dépendre de Dieu, à vivre dans Sa provision et à refléter Son amour dans notre service aux autres.

CHAPITRE 4

COMPRENDRE ET EXPLOITER LE SYMBOLE DU LEZARD ET DU CAMELEON DANS UN CONTEXTE BIBLIQUE

Fig 5 : lézard vert

Les Leçons à Tirer de la Vie du Lézard et leur Fondement Biblique

1. Adaptation et Flexibilité :

Le lézard comme caméléon spirituel : Tout comme le lézard change de couleur pour se fondre dans son environnement, nous sommes appelés à nous adapter aux différentes situations de la vie. L'apôtre Paul nous encourage à "nous conformer à ce monde" (Romains 12:2), non pas dans le sens d'être mondains, mais dans le sens de nous ajuster aux circonstances pour mieux servir Dieu.

La parabole du semeur : Les graines qui tombent sur différents terrains représentent notre capacité à nous adapter à différentes situations. Certaines graines germent et portent du fruit, d'autres non, en fonction du terrain. De même, notre croissance spirituelle dépend de notre capacité à nous adapter aux circonstances.

2. Discrétion et Vigilance :

Le lézard, un observateur discret : Le lézard observe son environnement avant d'agir. Nous sommes appelés à faire preuve de la même discrétion et à prier avant de prendre des décisions importantes. Jésus nous enseigne à "veiller et prier" (Matthieu 26 :41).

L'œil du singe et l'oreille du serpent : Ce proverbe africain exprime l'importance de l'observation et de l'écoute. Le lézard, avec ses yeux grands ouverts, symbolise cette capacité à percevoir les signes des temps.

3. Ténacité et Résilience :

La queue du lézard : Lorsqu'un prédateur saisit sa queue, le lézard l'abandonne pour s'échapper. Cette capacité à se détacher de ce qui nous entrave est une image puissante de la résilience spirituelle. Paul nous encourage à "oublier ce qui est en arrière et à nous étendre vers ce qui est en avant" (Philippiens 3 :13).

Matthieu 5 :30 Et si ta main droite est pour toi une occasion de chute, coupe-la et jette-la loin de toi; car il vaut mieux pour toi qu'un seul de tes membres périsse, et que ton corps tout entier ne soit pas jeté dans la géhenne.

L'histoire de Job : Job, malgré toutes ses épreuves, a gardé sa foi en Dieu. Le lézard, tout comme Job, nous enseigne à persévérer dans la foi, même dans les moments les plus difficiles.

4. Proximité avec la Nature et Dieu :

Le lézard, une créature de Dieu : Chaque créature, aussi petite soit-elle, porte la marque de Dieu. En observant le lézard, nous pouvons mieux comprendre la sagesse et la beauté de la création divine.

Le psalmiste : Le psalmiste invite à contempler la nature pour mieux connaître Dieu (Psaumes 19).

« **Le lézard saisit avec les mains, et se trouve dans le palais des rois.** »Proverbes 30 : 28

Le lézard a la particularité d'**être à l'aise dans bien des milieux.** Il constitue le plus grand groupe vivant de reptiles. Leur couleur est adaptée au milieu dans lequel ils vivent. Les lézards ne peuvent pas, comme les serpents, avaler des proies énormes, car les os de leur mâchoire sont réunis par une articulation qui limite les possibilités d'ouverture de leur gueule. Les lézards ont la faculté de **percevoir la lumière même les yeux fermés**, grâce à la présence d'écailles transparentes sur la paupière inférieure. Ils prélèvent avec leur langue les particules odorantes présentes dans l'atmosphère et cela leur permet d'identifier leur proie mais aussi leur partenaire. Leurs pattes adhésives ont fait l'objet d'études sérieuses car leur étonnante adhérence défie les lois de la pesanteur. Des chercheurs américains ont découvert que l'extrémité des pattes est dotée de millions de poils microscopiques élastiques, disposés selon un certain ordre. En reproduisant cette disposition, ils ont réussi à mettre au point un adhésif sec qui surpasse l'efficacité des pattes du lézard. (Geckos)

Dans notre texte les pattes du lézard fonctionnent comme des mains capables de saisir. Le créateur a placé dans nos mains, mais aussi dans nos cœurs, cette capacité de **saisir les éléments essentiels à notre subsistance**. L'apôtre Paul conseille à son enfant spirituel Timothée : « **Combats le bon combat de la foi, saisis la vie éternelle, à laquelle tu as été appelé...** »1 Timothée 6 : 12

Le lézard entre dans le palais des rois,**aucun espace ne peut lui être interdit**. Cela me rappelle le discours de Paul à l'aréopage d'Athènes : « **Dieu, sans tenir compte des temps d'ignorance, annonce maintenant à tous les hommes, en tous lieux, qu'ils ont à se repentir...** » Actes 17 :30 A l'instar de la renommée de Jésus en Galilée, la bonne nouvelle du salut doit être proclamée en tous lieux. Il n'y a aucun espace interdit qui ne puisse entendre l'évangile de libération.

Cet espace de liberté, propre au lézard, est encore plus important quand dépassant les lieux et le temps, on vit la glorieuse liberté spirituelle en Christ. Et de même que le lézard recharge son énergie aux rayons du soleil, peut-être aussi devrions-nous nous recharger auprès de Celui qui produit lumière et chaleur. Nous aussi nous pouvons voir cette lumière même les yeux fermés.

« **Lève-toi, sois éclairé, car ta lumière arrive, et la gloire de L'Eternel se lève sur toi...** » Esaïe 60 : 1 Zacharie dans son cantique, en parlant de la naissance de Jésus déclare : « **Le soleil levant nous a visité d'en haut, pour éclairer ceux qui sont assis dans les ténèbres et dans l'ombre de la mort, pour diriger nos pas dans le chemin de paix.** » Luc 1 : 78,79

Conclusion :

Ces quatre petits animaux sans défense nous parlent de fragilité. Ils sont à l'image de notre nature humaine. Malgré toutes nos prétentions, il importe d'identifier les notres, car la conscience de nos manques renforce la qualité de notre vie. L'apôtre Paul met en avant ce paradoxe : « **Quand je suis faible, c'est alors que je suis fort.** » 2 Corinthiens 12 : 10 Mais **cette fragilité peut aussi être signe de longévité**. Ces quatre animaux ont traversé le temps et l'histoire des hommes, alors ne craignons rien, **notre longévité dépend aussi de la gestion de nos faiblesses.**

Ces quatre petits animaux nous invitent à la sagesse. Ils ont su tirer le meilleur parti de leur condition. Leur capacité d'adaptation est devenue pérenne. Ils sont toujours présents parmi nous. Donc à nous de les imiter : « **Ne vous inquiétez de rien ; mais en toutes choses faites connaître vos besoins à Dieu par des prières et des supplications, avec des actions de grâce.** » Philippiens 4 : 6

Cela nous force quelque part à mieux prendre en compte notre condition humaine. Malgré tous les avatars de la vie, la position de l'humain est loin d'être désespérée. Nous avons à chaque instant l'occasion de faire un choix déterminant pour notre présent et notre avenir. **Embrasser la foi, c'est peut-être avoir cette capacité d'adaptation pour traverser le temps.** C'est aussi répondre à cette soif d'absolu qui transcende le temps, c'est désirez vivre éternellement.

En somme, le lézard, bien qu'un petit reptile, offre une multitude de possibilités pour approfondir notre compréhension de la foi et de notre relation avec Dieu. En explorant les différentes facettes de la vie de ce reptile, nous pouvons découvrir de nouvelles perspectives et grandir spirituellement.

Les caméléons

Fig 6 : caméléon

Les caméléons sont des créatures fascinantes qui montrent d'une manière remarquable les évidences du « dessein » de Dieu. Mais plus que cela, le caméléon a une leçon importante à nous enseigner concernant notre vie chrétienne.

Qu'est-ce qu'un caméléon ?

Certains caméléons, ont, ce qui semblerait être un casque sur la tête. Les scientifiques ne savent pas vraiment ce à quoi sert ce casque, malgré que certains pensent que cela aiderait à tenir le caméléon au frais. Puisque nous savons que Dieu l'a créé, nous savons donc, que ce casque n'est pas là, par hasard !

Une des caractéristiques intéressantes du caméléon, ce sont ses yeux. Nos yeux n'ont pas l'habilité naturelle de bouger indépendamment l'un de l'autre. Les yeux de ce lézard, oui ! Par exemple, alors qu'un œil se fixe droit devant, l'autre œil peut regarder de côté. Le dessein de nos yeux, nous aide à voir les choses en 3.D. Cette créature ne peut voir en trois dimensions que si elle fixe les deux yeux sur le même objet en même temps.

La langue du caméléon est un instrument intrigant. Elle est très longue - parfois même plus longue que l'animal lui-même ! Elle est également plus rapide. Plus rapide que la perception de vos yeux, le caméléon lance sa langue, touche la cible très précisément, piège sa cible avec la surface collante de sa langue et ramène la nourriture dans sa bouche. Sensas ! C'est beaucoup à faire en une fraction de seconde !

La caractéristique la plus connue du caméléon est probablement sa possibilité de changer de couleur, pour ainsi se confondre avec son milieu ambiant. Les couleurs dans lesquelles il opère, sont le vert, le jaune et le gris, et les tons variants dans cette fourchette de couleurs. Cette possibilité unique, le rend capable de se confondre avec son environnement, se cachant ainsi de ceux par qui il ne veut pas être vu.

Etes-vous un caméléon ?

Comme des caméléons qui se confondent avec leur environnement, pour ne pas être repéré, certains chrétiens se confondent avec ceux qu'ils fréquentent, par crainte d'être trop différents. Ils craignent qu'on se moque d'eux parce qu'ils croient au seul vrai Dieu créateur. Jésus nous averti à ce sujet. Il a dit dans : Matthieu 5:16 « Que votre lumière brille ainsi devant les hommes, afin qu'ils voient vos bonnes œuvres, et glorifient votre Père qui est dans les deux. »

Malgré qu'il soit amusant d'observer un caméléon changer de couleur, et **se confondre** avec son milieu en tant que chrétiens, nous avons au contraire à **nous spécifier,** en vivant nos vies de telle manière que l'on sache que nous sommes des disciples du Seigneur Jésus-Christ.

La progression du caméléon

Ils étaient chaque jour tous ensemble. V. 46

Actes 2.42-47

2 Samuel 1 – 2 et Luc 14.1-24

En évoquant le caméléon, on pense probablement à sa capacité à changer de couleur selon son environnement, mais ce lézard possède une autre caractéristique intéressante. À contrecoeur, le caméléon s'étire une patte, semble changer d'idée, tente le coup de nouveau, puis la dépose avec hésitation et soin, comme s'il craignait que le sol se dérobe sous lui « Ne soyez pas un membre d'Église du genre caméléon qui se dit : *Je vais aller à l'église aujourd'hui ; non, je vais y aller la semaine prochaine ; non, je crois que je vais attendre un moment !* »

« La maison de l'Éternel », à Jérusalem, était le lieu d'adoration du roi David. N'ayant rien de l'adorateur de type caméléon, il a déclaré : « Je suis dans la joie quand on me dit : Allons à la maison de l'Éternel ! » (PS 122.1.) C'était aussi le cas des croyants de l'Église primitive, car on dit d'eux : « Ils persévéraient dans l'enseignement des apôtres, dans la communion fraternelle, dans la fraction du pain, et dans les prières. [...] Ils étaient chaque jour tous ensemble assidus au temple » (AC 2.42,46).

Quelle joie que de se réunir pour adorer et communier ! Prier, adorer et étudier la Parole ensemble et prendre soin les uns des autres sont essentiels à notre croissance spirituelle et à notre unité.

Le Caméléon : Une Étude de Cas Inattendue dans la Bible ?

Pourquoi le caméléon ? Cet animal est souvent associé à :

L'adaptation : Le caméléon change de couleur pour se fondre dans son environnement.

La patience : Il guette ses proies immobiles, puis les attrape d'un coup de langue rapide.

La discrétion : Sa capacité à se camoufler lui permet d'éviter les prédateurs.

Quelles leçons spirituelles pouvons-nous en tirer ?

1. **L'importance de l'adaptation :**

S'adapter aux circonstances : Tout comme le caméléon se transforme pour survivre, nous devons parfois nous adapter aux situations changeantes de la vie.

Épouser l'esprit de Christ : Paul exhorte les chrétiens à "se renouveler dans l'esprit de votre intelligence" (Éphésiens 4 :23). Nous devons donc être prêts à changer, à grandir et à évoluer spirituellement.

2. **La valeur de la patience :**

Attendre le moment opportun : Le caméléon attend patiemment sa proie. De même, nous devons parfois attendre que Dieu agisse dans nos vies.

Cultiver la persévérance : La patience est une vertu chrétienne essentielle. Jacques écrit : "Ainsi, la patience accomplit parfaitement son œuvre, afin que vous soyez parfaits et complets, ne manquant de rien" (Jacques 1:4).

3. **La nécessité de la discrétion :**

Éviter la vanité : Le caméléon ne cherche pas à attirer l'attention. Nous devons également éviter de nous glorifier nous-mêmes, mais plutôt de laisser nos bonnes œuvres briller pour la gloire de Dieu (Matthieu 5:16).

Être vigilant : Tout comme le caméléon doit être vigilant pour éviter les dangers, nous devons être vigilants face aux tentations et aux attaques de l'ennemi.

En résumé, bien que le caméléon ne soit pas mentionné explicitement dans la Bible, ses caractéristiques nous offrent une opportunité de réfléchir sur notre propre vie spirituelle. L'adaptation, la patience et la discrétion sont des qualités précieuses pour tout chrétien.

CHAPITRE 5

LA SYMBOLIQUE DES ANIMAUX BIBLIQUES : AIGLE, AGNEAU ET LION

Dans les premiers siècles du christianisme, les symboles étaient souvent discrets, voire cryptés, pour des raisons de sécurité. Le poisson (Ichthys), par exemple, était un acrostiche discret désignant Jésus-Christ. L'agneau était également un symbole précoce du Christ, sacrifié pour le péché du monde.

Moyen Âge : Durant cette période, les représentations animales se sont multipliées et diversifiées. Les bestiaires médiévaux, qui attribuaient des significations symboliques aux animaux, ont influencé profondément l'art chrétien. L'aigle, le lion, le bœuf et l'homme (les quatre évangélistes) sont devenus des symboles iconographiques majeurs.

Renaissance et Baroque : Ces périodes ont vu une explosion de la créativité artistique, avec des représentations de plus en plus réalistes et détaillées des animaux. Les artistes ont utilisé les animaux pour illustrer des concepts théologiques complexes et pour créer des œuvres d'art émouvantes et inspirantes.

Art contemporain : Aujourd'hui, les artistes chrétiens continuent d'utiliser les symboles animaliers, mais souvent de manière plus abstraite et personnelle. Ils explorent de nouvelles façons de représenter les vérités éternelles à travers le langage visuel.

Implications pratiques pour notre vie quotidienne

Les symboles animaliers peuvent avoir un impact profond sur notre vie spirituelle en nous aidant à :

Visualiser les vérités abstraites : Les images nous permettent de mieux comprendre des concepts théologiques complexes. Par exemple, l'agneau nous rappelle le sacrifice de Christ de manière tangible.

Méditer sur la Parole de Dieu : Les symboles peuvent nous aider à méditer sur les Écritures et à approfondir notre relation avec Dieu.

Communiquer notre foi : Les symboles peuvent être utilisés pour partager notre foi avec les autres, en particulier avec ceux qui ne sont pas familiers avec les concepts chrétiens.

Inspirer la prière : Les images peuvent nous aider à nous concentrer pendant la prière et à nous connecter avec Dieu de manière plus profonde.

Utiliser les symboles pour évangéliser

Les symboles animaliers peuvent être un outil puissant pour évangéliser :

Créer des ponts : Les symboles universels, comme l'aigle qui représente la liberté ou le lion qui symbolise la force, peuvent susciter l'intérêt des personnes non croyantes et ouvrir la porte à des conversations sur la foi.

Illustrer des concepts abstraits : Les symboles peuvent aider à expliquer des concepts religieux complexes de manière simple et accessible.

Créer des supports visuels : Des affiches, des brochures ou des vidéos utilisant des symboles animaliers peuvent être utilisés pour attirer l'attention et transmettre un message évangélique.

Exemples concrets d'utilisation des symboles pour évangéliser :

Des études bibliques centrées sur des animaux spécifiques, en explorant leur signification symbolique dans les Écritures et dans notre vie.

Des ateliers créatifs où les participants peuvent créer leurs propres œuvres d'art inspirées par les symboles animaliers.

Des campagnes d'évangélisation utilisant des logos ou des slogans basés sur des symboles animaliers.

Les symboles animaliers ont une longue histoire dans l'art chrétien et continuent d'être un outil précieux pour la réflexion, la méditation et l'évangélisation. En comprenant la signification de ces symboles, nous pouvons approfondir notre foi et partager l'amour de Dieu avec les autres.

L'univers animal dans la Bible est riche de symbolisme et de leçons spirituelles. Parmi les nombreux animaux mentionnés dans les Écritures, l'aigle, l'agneau et le lion occupent une place particulière. Chacun de ces animaux représente des attributs spécifiques de Dieu et des aspects de notre cheminement spirituel. En explorant ces figures, nous pouvons approfondir notre compréhension de Dieu, de nous-mêmes et de notre relation avec le monde.

1. L'Aigle : Un Symbole de Puissance, de Hauteur et de Renouvellement

L'aigle est l'un des oiseaux les plus majestueux et les plus puissants de la nature. Dans la Bible, il est souvent utilisé pour illustrer la puissance divine, la capacité de voir au-delà des apparences et le renouvellement spirituel.

a) La Puissance et la Hauteur

Dans Ésaïe 57 :15, il est dit : "Celui qui habite au lieu très haut, Le Saint d'Israël ! Il est assis sur les chérubins, il se couvre de lumière." L'aigle, qui vole haut dans les cieux, au-dessus des tempêtes, symbolise la transcendance de Dieu, Sa capacité à être au-dessus de toutes les situations terrestres. Tout comme l'aigle est capable de s'élever loin au-dessus des tempêtes, Dieu se tient au-dessus des troubles de ce monde, offrant une perspective divine à ceux qui se tournent vers Lui. Cela nous enseigne à chercher refuge en Dieu et à regarder les défis de la vie d'un point de vue céleste.

b) La Vision Perçante

L'aigle a une vue exceptionnelle, lui permettant de repérer sa proie de très loin. Ésaïe 33 :17 déclare : "Vos yeux verront celui qui vous regarde." Cela illustre la capacité de Dieu à voir au-delà des apparences et à connaître les profondeurs de nos cœurs. Dieu voit tout ce qui est caché, les pensées et les intentions de chacun. Cette vision divine nous invite à être transparents devant Lui et à vivre une vie d'intégrité et d'honnêteté, sachant que rien n'est caché à Ses yeux.

c) Le Renouvellement

Le Psaume 103 :5 nous dit : "Il renouvellera ta jeunesse comme celle de l'aigle." L'aigle mue régulièrement pour renouveler son plumage, ce qui symbolise la possibilité de renouveau et de régénération. Dans le même esprit, Dieu nous offre le renouvellement spirituel. Quand nous traversons des moments de faiblesse ou de découragement, nous pouvons compter sur Dieu pour renouveler notre force et nous revitaliser spirituellement, comme l'aigle qui retrouve sa vigueur.

2. L'Agneau : Symbole de l'Innocence, du Sacrifice et de la Paix

L'agneau, en tant que symbole biblique, est riche de signification spirituelle, représentant souvent Jésus-Christ et Son rôle central dans le salut de l'humanité.

a) L'Innocence

Dans Jean 1 :29, Jean-Baptiste dit : "Voici l'Agneau de Dieu, qui ôte le péché du monde !" L'agneau est traditionnellement associé à l'innocence et à la pureté. Jésus-Christ, représenté comme l'Agneau de Dieu, est sans péché et innocent. Cela nous enseigne l'importance de la pureté et de la sainteté dans notre propre vie spirituelle. En contemplant l'image de l'Agneau, nous sommes encouragés à poursuivre une vie de droiture et d'innocence.

b) Le Sacrifice

L'agneau est également un symbole de sacrifice. Éphésiens 5 :2 nous dit : "Car Christ nous a aimés, et il s'est livré lui-même pour nous comme une offrande et un sacrifice à Dieu, d'une odeur agréable. "Le sacrifice de l'agneau pascal préfigurait celui de Jésus-Christ, qui a donné Sa vie pour racheter l'humanité. Ce sacrifice nous enseigne l'amour inconditionnel de Dieu et le coût du salut. En méditant sur le sacrifice de Jésus, nous comprenons que notre salut n'est pas dû à nos œuvres, mais à l'amour et à la grâce immenses de Dieu.

c) La Paix

Dans Ésaïe 11 :6, il est dit : "Et un petit enfant les conduira ; il marchera devant eux en paix et en justice." L'agneau est souvent associé à la paix, et Jésus-Christ est appelé le "Prince de la paix" (Ésaïe 9 :6). Cela nous rappelle que, par Son sacrifice, Jésus a apporté la paix entre Dieu et l'humanité. Nous sommes donc appelés à être des artisans de paix, reflétant le caractère de Christ dans nos relations avec les autres.

3. Le Lion : Symbole de la Force, du Courage et de la Royauté

Le lion, souvent appelé le "roi des animaux", est un symbole puissant de la force et de la royauté divine. Dans la Bible, il est souvent utilisé pour représenter le pouvoir et l'autorité de Dieu.

a) La Force

Dans Juges 14 :5, il est dit : "Ton Dieu est un lion rugissant." Le lion est reconnu comme l'un des animaux les plus forts de la forêt, symbolisant la puissance et la force de Dieu. Cette image nous rappelle que nous servons un Dieu puissant, capable de protéger, de délivrer et de vaincre tout ennemi spirituel. Elle nous invite à placer notre confiance en Dieu, sachant qu'Il est puissant pour intervenir dans nos vies.

b) Le Courage

Jérémie 4 :7 déclare : "Un jeune lion rugit, et le jeune lion craint ; mais le Seigneur, le Fort, est plus grand que lui." Le lion est un symbole de courage. De la même manière, les chrétiens sont appelés à faire preuve de courage en témoignant de leur foi. Le lion nous inspire à être intrépides face aux défis, à ne pas avoir peur de proclamer la vérité de l'Évangile et à être résolus dans notre marche avec Dieu.

c) La Royauté

Le lion est souvent associé à la royauté et au règne. Dans Genèse 49 :10, il est dit : "La tribu de Juda est mon sceptre, et le législateur sortira de ses flancs." Jésus-Christ est appelé le "Lion de la tribu de Juda" (Apocalypse 5 :5), le Roi des rois. Cette image souligne la souveraineté et l'autorité suprême de Jésus-Christ. En tant que croyants, nous sommes appelés à reconnaître Sa royauté et à Lui rendre hommage en tant que Seigneur de nos vies.

Conclusion

Ces trois animaux bibliques – l'aigle, l'agneau, et le lion – offrent une image riche et variée de Dieu et de Sa relation avec l'humanité. L'aigle nous rappelle la puissance et la transcendance de Dieu, nous invitant à nous élever au-dessus des circonstances terrestres et à vivre selon une perspective céleste. L'agneau nous enseigne le sacrifice, l'amour et la paix de Dieu, nous rappelant que nous sommes appelés à une vie de sainteté et de paix. Le lion nous inspire à être courageux et forts dans notre foi, tout en reconnaissant la royauté et la puissance souveraine de Jésus-Christ.

En méditant sur ces symboles, nous pouvons approfondir notre compréhension de la Bible et renforcer notre foi, trouvant en Dieu un refuge puissant, un Sauveur aimant, et un Roi glorieux.

CHAPITRE 6

LA COLOMBE, SYMBOLE DU SAINT-ESPRIT

Les quatre Évangiles racontent le baptême de Jésus par Jean dans le Jourdain (Matthieu 3.16, Marc 1.10, Luc 3.22, Jean 1.32). Luc dit : « et le Saint-Esprit descendit sur lui sous une forme corporelle, comme une colombe. » Parce que le Saint-Esprit est esprit, il est invisible pour nous, mais à cette occasion, il a pris une forme visible et les personnes présentes l'ont vu. La colombe est symbole de pureté et d'innocence (Matthieu 10.16) et son apparition à l'occasion du baptême de Jésus représente le Saint-Esprit comme un esprit de sainteté et d'innocence.

Le symbole de la colombe apparaît également en Genèse 6-8, dans le récit du Déluge et de l'Arche de Noé : alors que la terre était recouverte d'eau depuis un certain temps, Noé, pour vérifier s'il y avait déjà des terres émergées, a fait sortir une colombe de l'Arche, qui est revenue avec une branche d'olivier dans son bec (Genèse 8.11). Depuis, la branche d'olivier est un symbole de paix. La colombe de Noé nous montre symboliquement que Dieu a fait la paix avec l'humanité après le Déluge et purgé la terre de sa méchanceté. Elle représente le Saint-Esprit, qui apporte la bonne nouvelle de la réconciliation entre Dieu et les hommes. Cette réconciliation n'était évidemment que temporaire, car notre réconciliation spirituelle avec Dieu n'est venue qu'en Jésus-Christ, mais il est néanmoins important de noter que le Saint-Esprit est apparu au baptême de Jésus sous la forme d'une colombe, nouveau symbole de paix avec Dieu.

À la Pentecôte, le Saint-Esprit a pris la forme de « langues […] de feu » (Actes 2.3) représentant la puissance miraculeuse du message des Apôtres et de leur vie radicalement transformée. L'apparition du Saint-Esprit comme une colombe à l'occasion du baptême de Jésus symbolise la douceur du Sauveur, qui apporte la paix à l'humanité par son sacrifice.

Pourquoi la colombe est-elle souvent employée comme un symbole du Saint-Esprit ?

La Colombe et l'Agneau

Vivre une vie de victoire et gagner des âmes, ce n'est pas là le produit d'un «moi» sanctifié ou de durs efforts. Non, c'est le fruit de l'Esprit. Nous ne sommes pas appelés à produire des fruits, mais à en porter. Ce n'est pas notre fruit, mais le Sien. Il est donc d'une importance vitale que nous soyons continuellement remplis du Saint-Esprit, «comme des arbres pleins de sève», de Sa sève :

Psaumes 104 : 16

[16] Les arbres de l'Eternel se rassasient, Les cèdres du Liban, qu'il a plantés.

Dans le premier chapitre de l'Evangile de Jean, nous voyons de quelle manière le Saint-Esprit est descendu sur Jésus. Jean-Baptiste avait vu Jésus venir à lui et avait dit : « Voici l'Agneau de Dieu qui ôte le péché du monde ». Puis, tandis qu'il le baptisait, il vit les cieux s'ouvrir, l'Esprit de Dieu descendre sous la forme d'une colombe et s'arrêter sur lui.

L'humilité De Dieu

Quelle image suggestive que cette colombe descendant et se posant sur l'agneau ! Certes, la colombe et l'agneau sont parmi les plus douces créatures de Dieu. L'agneau nous parle de douceur et de soumission, et la colombe nous parle de paix. Cela ne suggère-t-il pas qu'au cœur même de la Divinité se trouve l'humilité ? Lorsque le Dieu éternel conçut le plan de se révéler dans son Fils, il le nomma l'Agneau ; et lorsque le Saint-Esprit dut venir dans le monde, il vint sous l'emblème d'une colombe. Ainsi, ce n'est pas seulement parce que Dieu est si grand et nous si petits que nous devons être humbles, mais encore parce que Dieu lui-même, révélé par Jésus, est doux et humble de cœur.

Voilà donc, sous une forme imagée, la condition qui peut permettre au Saint-Esprit de venir et de demeurer en nous. La colombe ne peut se poser et demeurer sur nous si nous ne revêtons le caractère de l'agneau, si notre moi n'est pas brisé. Les manifestations du moi non brisé sont l'opposé des caractéristiques de la colombe. Relisez, dans Galates 5, l'énumération des neuf fruits de l'Esprit (l'amour, la joie, la paix, la patience, la bonté, la bénignité, la fidélité, la douceur, la tempérance), dont la colombe aspire à nous remplir ! Puis, comparez-les aux oeuvres viles de la chair dans le même chapitre (la chair est le terme par lequel le Nouveau Testament désigne le moi non crucifié) La différence est aussi grande qu'entre le loup avide et la douce colombe.

Le Caractère De L'agneau

Il est clair désormais que le Saint-Esprit ne pourra venir et demeurer en nous que si nous acceptons de devenir semblables à des agneaux, et cela sur chacun des points où il nous le montrera. Rien ne nous sonde et ne nous humilie davantage que de contempler l'Agneau gravissant le Calvaire pour nous. C'est là que nous reconnaissons combien de fois nous n'avons pas voulu devenir des agneaux pour lui.

Oui, il fut un agneau, la plus simple des créatures, qui ne connaît aucun moyen de se sauver elle-même, totalement sans défense. Jésus s'est anéanti pour nous en devenant l'Agneau. Point de force ou de sagesse propre, aucun moyen auquel recourir pour se défendre ; -non, Il fut tout simplement et constamment dépendant du Père. « Le Fils ne fait rien de lui-même, sinon ce qu'Il voit faire au Père » Mais, nous, combien nous sommes compliqués ! Que de plans élaborés, que de tentatives pour nous secourir nous-mêmes ! Que d'efforts propres pour vivre la vie chrétienne et pour accomplir les œuvres de Dieu, comme si nous étions ou pouvions faire quelque chose ! Nous n'avons pas voulu être de simples agneaux et la colombe a dû s'envoler (du moins en ce qui concerne sa présence sensible).

Prêt à être Tondu

Jésus fut aussi l'Agneau qui se laisse tondre, dépouiller de ses droits, de sa réputation, de toute liberté légitime, tel l'agneau qu'on dépouille de sa laine. Il ne résista jamais : un agneau ne résiste pas. Outragé par amour pour nous, Il n'a pas répondu ; maltraité, Il n'a pas proféré de menaces. Il n'a jamais dit : « Ne savez-vous pas que je suis le Fils de Dieu et que vous n'avez pas le droit de me traiter ainsi ! » Mais, nous, combien de fois nous avons résisté, refusant d'être dépouillé de nos droits ! Nous n'avons pas su perdre ce que nous possédions par amour pour Jésus. Nous avons exigé le respect dû à notre position. Nous avons résisté, combattu. Alors, la colombe est partie, emportant la paix et laissant notre cœur endurci.

Il n'a point ouvert la bouche

En outre, Jésus fut l'Agneau silencieux ; « semblable à une brebis muette devant ceux qui la tondent, Il n'a pas ouvert la bouche ». Il ne s'est jamais défendu, ni expliqué. Mais, nous, avons-nous été silencieux lorsqu'on nous traitait avec malveillance ou nous accusait injustement ? Nous avons élevé la voix pour nous défendre et nous venger. Nous nous sommes excusés alors que nous aurions dû admettre franchement nos torts. Et, chaque fois, la colombe a dû fuir et nous retirer sa paix et sa bénédiction.

Pas de ressentiment

Il fut également l'Agneau sans tache. Non seulement aucune parole ne sortit de ses lèvres, mais il n'y avait dans son cœur rien d'autre que de l'amour pour ceux qui l'avaient envoyé à la Croix, point de rancune, aucune amertume. Même lorsqu'on lui clouait les mains, Il murmura : « Je vous pardonne », et demanda à son Père de pardonner également. Mais, nous, quel ressentiment n'avons-nous pas éprouvé contre celui-ci ou celui-là, et pour des choses tellement plus minimes que celles qu'il supporta ! Chacune de ces réactions a laissé une tache dans notre coeur et, une fois de plus, la colombe a dû s'enfuir, parce que nous n'avons pas su supporter et pardonner pour l'amour de Jésus.

Reviens, o colombe !

Tels sont les dispositions et les actes qui éloignent le Saint-Esprit de notre vie, et tout cela est péché. Le péché est le seul obstacle au Réveil de l'Église. Une question s'impose donc : Comment la colombe peut-elle revenir à nous avec sa paix et sa puissance ? Et voici la réponse : « l'Agneau de Dieu ». En effet, Jésus n'est pas seulement l'Agneau simple, dépouillé, silencieux et sans tache, mais Il est avant tout l'Agneau rédempteur, notre substitut.

Pour le Juif, l'agneau qu'il offrait à Dieu était toujours un substitut. Sa douceur et sa soumission n'étaient que des traits secondaires à côté de son rôle expiatoire, qui consistait à être immolé pour son péché, après quoi son sang était répandu sur l'autel. L'humilité de Jésus-Agneau n'était nécessaire que pour qu'Il devînt notre substitut sur la Croix, notre bouc émissaire, pour porter nos péchés en son corps sur le bois, afin de pourvoir au pardon et à la purification de nos péchés, si nous nous en repentons. De plus, Dieu veut nous ramener à la Croix pour que nous y voyions notre péché blessant et meurtrissant l'Agneau. Et nous l'avons, nous aussi, crucifié, en tant que nous n'avons pas accepté d'être brisés. L'Agneau plein de douceur a tout enduré, afin que le sang soit là pour nous accorder pardon et purification, lorsqu'enfin nous nous repentirions. Que cette pensée solennelle brise notre orgueil et courbe notre cœur dans la repentance ! Car ce n'est que lorsque nous aurons vu nos péchés déchirer le cœur de Jésus que nous serons brisés et prêts à nous en repentir, à les abandonner, afin que le sang de l'Agneau nous en purifie. Alors, la colombe reviendra sur nous, avec sa paix et sa bénédiction.

Jésus s'humilia pour moi, jusqu'a la crèche.

Et pour moi descendit le chemin de la Croix.
Oui, pour moi !...Créature orgueilleuse et revêche,
Qui longtemps refusa de servir l'humble Roi.
Sa volonté céda devant celle du Père,
Il avança toujours dans la pleine clarté.
Je préférais l'effort au repos salutaire,
Prétendant vivre seul, sans Christ, la sainteté.

O Seigneur, brise, lave et remplis ce cœur vide.
Tiens-moi toujours blotti sous ton sang précieux.
Que de ta communion je sois toujours avide,
Et que mon cœur brisé loue ton nom merveilleux.

Un chrétien d'Afrique, homme de Dieu, raconta un jour dans une réunion que, tandis qu'il montait une colline pour se rendre au culte, il entendit des pas derrière lui. Se retournant, il vit un homme qui montait, portant un très lourd fardeau. Puis il vit que ses mains étaient percées et le reconnut pour le Seigneur Jésus. Il lui dit alors : « Seigneur, est-ce le péché du monde que tu portes ? -Non, répondit Jésus, non pas le péché du monde, mais le tien ». Tandis que ce frère racontait la vision que Dieu venait de lui accorder, le cœur de ceux qui l'écoutaient et le sien furent brisés en voyant leurs péchés sur la Croix. Il faut qu'il en soit de même pour nous ; alors seulement nous serons prêts à faire les confessions, les excuses, les réconciliations et les restitutions qui font partie de la vraie repentance.

Le règne de la colombe

En dernier mot. La colombe est l'emblème de la paix. Si donc le sang de Jésus nous a purifiés et que nous marchions humblement avec l'Agneau, le signe de la présence et de la plénitude de l'Esprit en nous est la paix. C'est là le critère de notre marche tout au long de la journée :

Colossiens 3 : 15
[15] Et que la paix de Christ, à laquelle vous avez été appelés pour former un seul corps, règne dans vos cœurs. Et soyez reconnaissants.

Si la colombe cesse de chanter dans notre cœur, ce ne peut être qu'à cause du péché : d'une manière ou d'une autre, nous avons abandonné l'humilité de l'Agneau. Demandons alors à Dieu de nous montrer ce péché et hâtons-nous de nous en repentir et de l'apporter à la Croix ; et, une fois de plus, la colombe pourra s'installer dans notre cœur. De cette manière, nous connaîtrons la présence continuelle de l'Esprit, offerte à tout homme déchu, par l'application immédiate et constante du sang précieux de Jésus.

Ne voulons-nous pas, dès aujourd'hui, soumettre notre vie au règne de la colombe, de la paix de Dieu, pour qu'il en devienne l'arbitre tout au long de la journée ? Nous serons constamment convaincus de péché et humiliés, mais nous parviendrons ainsi à une conformité réelle avec l'Agneau de Dieu ; nous connaîtrons la seule victoire qui vaille la peine d'être remportée : la conquête du moi.

CHAPITRE 7

LES INSECTES DANS LA BIBLE

Même s'ils sont petits, les insectes jouent souvent un rôle important. Avec leurs caractéristiques propres, ils sont souvent porteurs de toute une symbolique

L'abeille ne vit pas seule, mais en colonie, dans une société élaborée, avec des fonctions très spécialisées et complémentaires. Les abeilles sont souvent mentionnées dans la Bible, en raison du miel qu'elles produisent. Le miel prisé pour ses vertus gustatives et thérapeutiques est avec le lait un des symboles de la Terre promise : « une terre ruisselante de lait et de miel » (Ex 3,8 ; Ps 81,17). Le mot hébreu pour dire « abeille » est aussi le prénom d'une femme juge en Israël avant l'instauration de la royauté : Débora.

L'araignée est mentionnée dans la Bible pour ses qualités de chasseur. La « toile » de l'araignée n'est justement pas une toile. Mais un filet. Le prophète Ésaïe rappelle que le fil de l'araignée, tout remarquable qu'il est, ne peut pas devenir une toile, ni un tissu ni un vêtement. Ainsi, on ne peut jamais rien faire de bien avec le mal (Es 59,5-6). Job fait de la toile d'araignée le symbole de la fausse assurance de l'être humain qui s'enferme dans un piège invisible en pensant aller librement là où il veut (Jb 8,14).

Deuxième facette

Les femmes construisent une valeur et les proies viendront

La toile d'araignée

Araignée / Toile (maison de l'araignée)

Généralement traduit par :

Origine du mot "`Akkabiysh" Vient probablement d'une racine du sens littéral de s'empêtrer

Akkabiysh **a été trouvé dans 2 verset(s) :**

Référence	Verset
Job 8 : 14	Son assurance est brisée, Son soutien est une toile d'araignée
Esaïe 59 : 5	Ils couvent des oeufs de basilic, Et ils tissent des toiles d'araignée. Celui qui mange de leurs oeufs meurt; Et, si l'on en brise un, il sort une vipère.

Proverbes 16 :4 dit : "L'Éternel a tout fait pour un but, même le méchant pour le jour du mal."

Selon le Livre du Tout-Puissant et les saints enseignements qu'on y puise, il est connu que « toute la terre est pleine de la gloire de l'Éternel » (Ésaïe 6 :3). Cela signifie que chaque détail de la création possède un sens, une signification et contient un enseignement de sagesse que le Créateur peut nous communiquer.

Voici une très courte histoire pour mieux appréhender et illustrer ce concept.

« La sagesse juive enseigne que Dieu a créé toutes choses pour un but.

Le grand roi David s'interrogeait sur la raison d'être d'une araignée, jusqu'au jour où D.ieu ordonna à l'une d'elles de tisser sa toile à l'entrée de la grotte dans laquelle il se cachait [lorsqu'il fuyait le roi Saül].

Lorsque les soldats lancés à sa poursuite passèrent par-là, ils jugèrent inutile de fouiller l'endroit, estimant que la toile d'araignée était une preuve suffisante que David ne s'y trouvait pas. Cette araignée sauva la vie du roi. » (Rav Daniel Lapin).

Cette simple anecdote est pleine de fraîcheur et nous transmet un peu de cette sagesse qui imprègne toute la création.

Chaque chose dans ce monde a un rôle et un but élevé, au service de ceux qui aiment Dieu comme il est dit : « Dieu fait concourir toutes choses au bien de ceux qui l'aiment, de ceux qui ont été appelés conformément au plan divin. » (Romains 8 : 28)

Qui aurait pu songer qu'une modeste araignée aurait pu sauver la vie du futur roi d'Israël de qui allait descendre le Messie et sauveur de l'humanité…

À l'instar du Roi David, lorsqu'un homme aime Dieu de tout son être, même une araignée, sur ordre du Créateur, est capable de se mettre à son service au point de devenir pour lui un objet de salut…

Lorsque nous commençons à percevoir le monde qui nous entoure sous cet angle-là, tout change et mêmes les arachnophobes deviennent capables de se réconcilier avec les araignées lorsqu'ils prennent de conscience qu'il existe un Dieu si Sage et puissant que même les insectes qu'il a créé ont un rôle bénéfique pour Ses enfants.

Devant cette nouvelle perception du monde, conscient qu'il est supervisé par l'Éternel Dieu, nos entrailles s'émeuvent de joie et nous plions les genoux devant La grandeur et l'intelligence de notre Créateur comme le dit le prophète :

« C'est le Dieu d'éternité, l'Eternel, Qui a créé les extrémités de la terre ; Il ne se fatigue point, il ne se lasse point ; On ne peut sonder son intelligence. » (Ésaïe 40 : 28)

Méditons bien l'enseignement ici donné et réjouissons-nous de ce que les Sages d'Israël expliquent dans les commentaires :

« Tout dans la Création possède un but ; même des créatures qui paraissent insignifiantes, comme les mouches, les puces, les moustiques, jouent en réalité un rôle important dans la Création. »

Chacune d'entre elles a sa mission propre. Hashem (Dieu) peut réaliser ses desseins grâce à un serpent, un insecte et, qui sait ? Même par l'entremise d'une grenouille. » (Midrash Béréchit)

Que l'Éternel nous donne la sagesse et les yeux pour voir, comprendre et apprécier combien toutes choses sont faites pour un but positif, même ce qui nous paraît inutile ou anodin, nous dérange, nous repousse, nous fait souffrir ou nous répugne.

Même le méchant est utilisé par la providence divine dans un but bien précis, et dont l'issu est toujours favorable à ceux qui craignent Dieu !

Du microcosme au macrocosme, de la poussière d'atome aux plus grandes galaxies, si nous aimons Dieu et nous lui faisons confiance, nous apprendrons que tout est là pour nous élever et nous conduire au salut. Toute chose est utile pour nous faire croître dans notre relation et notre intimité avec le Dieu vivant. Échecs, épreuves, réussites, succès, nous découvrirons petit à petit que toute chose a pour vocation de nous élever.

Cette prise de conscience sublime est profondément libératrice.

Voilà pourquoi nous insistons tant sur l'importance d'étudier, de méditer et de mettre en pratique régulièrement les Saintes-Écritures afin que notre pensée se transforme et se renouvelle sans cesse, dans le noble objectif de « revêtir l'homme nouveau, créé conformément à la pensée de Dieu, pour mener la vie juste et sainte que produit la vérité. » (Ephésiens 4 : 23)

Avec de tels enseignements, nous avons de quoi ne pas perdre courage et nous renforcer dans la foi, l'espérance et la confiance en Dieu malgré le chaos apparent qui nous entoure parfois.

Sachons regarder chaque événement et chaque détail de notre vie avec le regard spirituel de Dieu et c'est alors qu'avec Job, nous serons en mesure de faire au Créateur cette belle et sincère prière jaillissant des tréfonds de notre coeur :

« Je sais que tu peux tout, et que rien ne saurait t'empêcher d'accomplir les projets que tu as conçus. 3 « Qui ose, disais-tu, obscurcir mes desseins par des discours sans connaissance? » Oui, j'ai parlé sans les comprendre de choses merveilleuses qui me dépassent et que je ne connaissais pas. » (Job 42).

Habituons-nous à chercher à connaître Dieu au travers de Sa Parole (Torah) et du monde qui nous entoure ; la sagesse de Dieu grandira alors en nos coeurs et nos yeux se dessilleront comme il est écrit quelque part :

« L'amour de Dieu est une glorieuse sagesse ; à ceux à qui il se montre, Dieu communique la sagesse, pour qu'ils puissent le contempler au travers de toute choses.»

Pour conclure, remarquons aussi que cette anecdote de l'araignée et du Roi David, nous transmet une belle leçon d'humilité qui renverse une fois encore certaines conceptions orgueilleuses de l'homme ainsi que toutes hauteurs désireuses de s'élever contre la connaissance de Dieu.

Lorsqu'il est dit que Dieu « a choisi les choses faibles du monde pour confondre les fortes … les choses viles du monde et celles qu'on méprise, celles qui ne sont point, pour réduire à néant celles qui sont, afin que nulle chair ne se glorifie devant Dieu. » (1 Corinthien 1 :27), l'anecdote de l'araignée anéantit effectivement tout orgueil de l'homme, car qui pourrait se vanter d'avoir fait autant que ce faible rampant, à savoir sauver celui qui allait engendrer le sauveur du monde…

Voilà une belle prouesse réalisée par… un simple insecte !

Prière : *Père, au nom de Yéshoua le vrai Messie d'Israël, aide-nous à te contempler dans chaque détail de notre vie et à nous émerveiller toujours plus de ta stupéfiante sagesse et intelligence que Tu as déployée dans chaque parcelle de Ton monde. Garde-nous sous Ta protection miséricordieuse, aide-nous à grandir dans tes voies pleines de bonté, aide-nous à renouveler notre intelligence afin d'arriver à la stature parfaite du Messie, étant remplis de Ta connaissance, de Ta sagesse et de Ton amour, amen !*

"Son assurance sera retranchée, et sa confiance sera une toile d'araignée : Il s'appuiera sur sa maison, et elle ne tiendra pas ; il s'y cramponnera, et elle ne restera pas debout". <u>*Job 8. 14, 15*</u>
"Ils tissent des toiles d'araignées… leurs toiles ne deviendront pas des vêtements, et ils ne se couvriront pas de leurs œuvres". <u>*Esaïe 59. 5, 6*</u>
« Placez votre confiance en l'Eternel pour toujours, car l'Eternel, oui, l'Eternel est le rocher perpétuel. » Esaïe 26:4

Une grande toile d'araignée est tendue entre les hautes herbes à 40 cm du sol. Y accrocher la moindre charge ou penser l'utiliser comme appui serait insensé. À l'évidence, je ne peux pas me fier à elle pour m'aider.

Bildad, un des amis de Job, prend cette image en parlant de "ceux qui oublient Dieu" et de l'impie dont l'attente périra : "Sa confiance sera une toile d'araignée" (litt. : une maison d'araignée).

Si les hommes mettent leur confiance en leurs bonnes œuvres, en leurs mérites ou dans un homme, cela se révélera être comme une toile d'araignée, c'est-à-dire sans solidité.

Le prophète Ésaïe reprendra l'image en parlant des hommes pécheurs (second verset du jour). L'image est forte. Comment se faire un vêtement avec une toile d'araignée ? Il en est ainsi de tout homme qui essaie de se couvrir de ses œuvres devant Dieu. Jésus Christ seul est le vêtement du salut et la robe de la justice, "qui est par la foi en Christ, la justice qui vient de Dieu, moyennant la foi" **(Philippiens 3. 9).** "Je me réjouirai avec joie en l'Éternel, mon âme s'égayera en mon Dieu ; car il m'a revêtu des vêtements du salut, il m'a couvert de la robe de la justice, comme un fiancé se pare de son turban et comme une fiancée s'orne de ses joyaux" (Esaïe 61. 10).
La toile d'araignée est aussi une image qui parle aux croyants. Dans les circonstances de la vie terrestre, en quoi et en qui est-ce que je place ma confiance ? En des moyens humains, une famille nombreuse, un salaire régulier, des amis influents ou mes propres combines ..? Tout cela pourrait bien être un jour comme des « toiles d'araignées ».

C'est en Dieu seul, notre Père céleste, que nous pouvons placer une confiance simple et totale.

La **fourmi**, comme l'abeille, est un insecte social. Dans le livre des Proverbes, les fourmis sont plusieurs fois données en exemple aux paresseux et plus largement aux êtres humains pour leur intense activité industrieuse (Pr 6,6 et 30,24-25). Imaginer le grand roi Salomon, auteur présumé d'un grand nombre de ces Proverbes, à plat vendre sur le sol, en train d'observer l'activité des fourmis pour en tirer des leçons de vie, n'est pas seulement amusant, c'est aussi une autre leçon : les plus petits peuvent enseigner par leur vie, des choses importantes aux plus grands et aux puissants…

Les **mouches** sont légion dans les pays chauds. Elles favorisent utilement la décomposition des cadavres dans la nature. Mais quand elles s'attaquent aux vivants, elles constituent un fléau, comme la quatrième plaie d'Égypte (Ex 8,16-28). Une seule mouche tombée dans un vase d'huile parfumée peut gâter l'ensemble (Qo 10,1). L'obstination infatigable des mouches qui, à peine chassées, reviennent harceler et tourmenter les humains a fait de ces insectes une image éloquente pour évoquer le Diable. Belzéboul ou Belzébuth signifie le Seigneur (Baal) des mouches (zéboul) (Mc 3,20-30). Une divinité philistine s'appelait Baal Zeboub (Maître des Mouches).

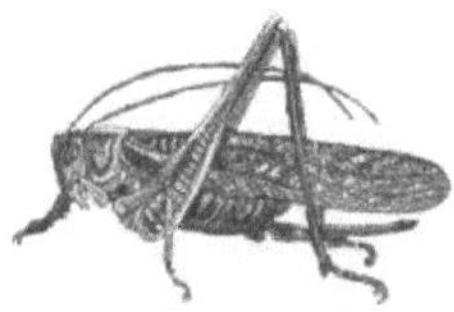

Les **sauterelles** sont une calamité lorsqu'elles tombent sur les cultures et la végétation d'une contrée. Elles peuvent tout détruire et affamer complètement en quelques instants toute une population. Une invasion célèbre de sauterelles est la huitième plaie d'Égypte (Ex 10,1-20). Elles semblent exclusivement faites pour détruire et n'ont pour cela aucun besoin d'une organisation collective (Pr 30,27). Elles représentent une telle puissance dévastatrice que les envahisseurs sont parfois comparés à une armée de sauterelles (Jg 6,1-5). Mais à leur tour, elles peuvent être mangées. Les sauterelles constituent le plat principal de Jean-Baptiste (Mc 1,4-8).

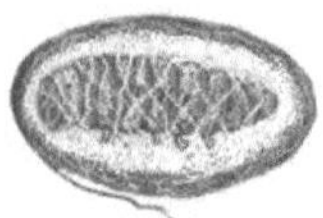

Le **ver à soie**, en fait la chenille du bombyx, fabrique comme toutes les chenilles, un cocon, à partir d'un unique et très long fil de soie. La production de ce tissu remarquable et précieux a été longtemps un secret de la Chine. La soie ne semble guère connue dans le Premier Testament où elle n'est mentionnée qu'en Ézéchiel, vers 600 av. J.C. (Ez 16,10). Dans le livre de l'Apocalypse, la soie est citée comme une des richesses emblématiques des puissances d'argent qui sont ruinées en révélant leur vanité quand elles sont désirées pour elles-mêmes (Ap 18).

CHAPITRE 8

QUE REPRESENTE LE SERPENT DANS LA BIBLE

Le Serpent représente une multitude de significations dans différents domaines. Dans certaines tribus, il symbolise d'innombrables représentations :

La **Mythologie**, surtout de la Grèce Antique, possède ses propres images que ce reptile représente pour le peuple grec. Il a aussi une mauvaise réputation sur son image meurtrière et dangereuse, cependant, certains les considèrent comme symbole du bien, de connaissance, de sagesse.

La Bible a aussi son mot à dire sur le **symbolisme du serpent**, son influence sur cet écosystème. En effet, dans les livres de la Bible, le serpent a aussi sa place, il représente pas mal de choses.

Et on s'intéresse surtout sur le symbolisme du serpent dans ce dernier domaine, plus précisément, il est question de la représentation du serpent dans la Bible.

Il est important d'aborder et d'exposer tout ce qu'on entend sur les serpents du point de vue biblique et aussi d'analyser un peu plus profondément les réels symboles du serpent dans la Bible chrétienne.

Pour mieux s'organiser, se pencher sur cette représentation dans les livres bibliques de l'ancien testament est primordial, et puis aborder tout ce que cet animal représente dans le nouveau testament est d'une grande importance pour ceux qui sont dans le Christianisme.

1. Ancien Testament

Dans le livre de la Genèse au chapitre 3, il est dit que le serpent est l'animal le plus rusé qui ait été conçu par Dieu. Ce livre biblique dit qu'il trompa Ève qui est la première femme conçue par Dieu et la poussa à manger le fruit interdit malgré que Dieu lui dit de consommer ces fruits. Il lui convainc de le manger sous prétexte que cela ne la tuera pas.

Dans ce contexte, l'animal représente la Tentation. Et puis l'homme connut le bien et le mal comme Dieu. Par conséquent, il est alors devenu le Tentateur des hommes qui sont à la recherche de sagesse, de connaissance. Il est dit que Satan s'est métamorphosé en serpent et qu'il est le responsable du péché d'Ève en la poussant à manger le fruit de l'arbre de vie qui mena à la chute de l'homme.

Le serpent est aussi un signe de Mensonge. Dieu appela les menteurs comme des descendances du serpent qui a dupé Ève. Le serpent est aussi une représentation du Satan et ce dernier est le guide de tous les démons, d'où il est le signe du Mal.

Dans le livre d'Exode au chapitre 7, le serpent a une toute autre image, il symbolise la force, et surtout la grandeur de Dieu, sa puissance. Ce symbolisme se traduit par une démonstration devant le Pharaon d'Egypte.

Dans les versets de ce chapitre 7, Dieu dit à **Moïse** et son frère Aaron d'aller Egypte pour dire au Pharaon de laisser les enfants d'Israël, le peuple juif qui est le peuple élu de Dieu à quitter les terres d'Egypte et de ne plus être ses esclaves et Dieu savait qu'il n'allait pas accepter. Et les deux hommes ont obéi à leur Dieu et partit pour l'Egypte.

Dieu a aussi ajouté que si le Roi égyptien demande de faire des démonstrations incroyables et que Aaron devait jeter sa canne par terre et que cette dernière va se transformer en serpent.

Les deux hommes se présentèrent devant le Pharaon et fit ce que Dieu leur a demandé, aussitôt que le Roi égyptien dit de montrer un tour impressionnant, Aaron fit comme Dieu le lui a dit, il lança la canne et elle se transforma en couleuvre.

Tous étaient stupéfaits car Dieu l'a dit et tout s'est passé selon la parole de Dieu. Ce fut un symbole de la puissance, la grandeur, la force du Dieu des Israélites qu'est l'incarnation du serpent dans ce livre de la Bible.

Selon les écritures qui ont été écrites dans le livre de nombres au chapitre 21, les enfants d'Israël se sont plaintes de Dieu et de Moïse suite à la route sur laquelle Moïse les a menés dans le désert et qu'il n'y avait que des pains à manger et rien d'autres et il n'y avait non plus rien à boire lors de leur exil.

Suite à ces plaintes, Dieu est en colère et il a envoyé des serpents de feu qui a massacré de nombreuses personnes, et qui sema la terreur face à ses israélites.

D'où le symbole de terreur apporté par le serpent dans ces textes bibliques de ce livre de l'ancien testament. Les gens ont supplié Moïse de demander au Roi Divin de leur pardonner et de retirer les serpents qu'Il a envoyés. Dieu ordonna à son serviteur de fabriquer un serpent en cuivre et il le mit sur un arbre. Tous ceux qui ont été mordu par les serpents de feu et qui ont regardé le serpent en cuivre étaient guéri. On peut en tirer que le serpent fait référence aussi à un symbole de guérison donné par Dieu.

Dans le livre qui a été par un prophète de l'ancien testament, Jérémie, au chapitre 8 Verset 17, il est écrit que Jéhovah a dit qu'il allait envoyer les serpents pour attaquer les gens et pour les mordre. Dans le contexte de ce texte biblique, Dieu veut punir et montrer aux croyants qu'il est capable de tout faire sans exception. Le serpent est ici utilisé pour donner une image du malheur et de la terreur.

Dans les versets du livre de Psaumes, le serpent est beaucoup parlé au chapitre 58, 91, 140. Dans ces trois chapitres, on entend parler de deux espèces de serpents qui sont les vipères et les couleuvres. Le point qui est surtout abordé dans ce livre est le poison toxique de serpents. Un poison mortel contenue dans le venin.

Cette caractéristique du serpent qui est faite par une injection lors d'une morsure fait allusion de la mauvaise image du serpent, le symbole qu'évoque le serpent ici est le mal, la mortalité, la toxicité, le meurtre. En effet, le serpent est considéré dans cette partie de la Bible comme mauvais et qui est mortel.

2. Nouveau Testament

Dans le livre de Marc au chapitre 16, le serpent est plutôt vu comme un symbole de guérison (**Le caducée**) car il est dit que lorsqu'un croyant saisira par sa main un serpent, il peut guérir tous ceux qu'il touche. Et que, même si ce croyant boit du poison mortel, il ne ressentirait rien comme s'il n'a rien bu.

Cette image donnée au serpent répand le symbole d'immunité, comme si celui qui le prend est immunisé contre tout poison existant.

Dans tous les autres livres, comme dans Luc, et dans Jean, qui parlent de serpent dans le nouveau testament, le serpent est surtout utilisé pour illustrer de mauvaises choses, des métaphores pour dire de mauvaises intentions ou de mauvaises connotations. Ainsi, on peut en dire que dans ces livres, le **serpent est surtout symbole du mal**. Le terme « serpent » n'est utilisé que pour illustrer le mal.

En conclusion, ce sont les représentations du serpent les plus pertinentes du texte de la Bible, dans les autres livres de l'ancien et le nouveau testament, le symbolisme évoqué par le serpent est le même que ceux qui ont été abordés précédemment.

Dans toutes les bibles chrétiennes, c'est-à-dire toutes les versions de la Bible chrétienne que ce soit pour les protestants ou pour les catholiques, les idées de représentation du serpent sont toutes les mêmes. Il est bien clair que la religion et la science ont emprunté des chemins bien distincts. Ici, dans ce livre, le sujet est la représentation du serpent dans la Bible, mais il est évident que la science a ses propres représentations des serpents.

CONCLUSION GENERALE

La nature, un livre sans fin.

La nature, dans toute sa diversité et sa complexité, se révèle être un livre ouvert, un enseignant inlassable. Chaque créature, chaque phénomène, chaque cycle nous offre un aperçu de la sagesse infinie de son Créateur. Des plus petites bactéries aux plus grands mammifères, tout est interconnecté et participe à un grand dessein.

Un miroir de la grandeur divine

Les Écritures nous rappellent à maintes reprises que la nature est une révélation de la gloire de Dieu. Le psalmiste exalte : « Les cieux racontent la gloire de Dieu, et le firmament proclame l'œuvre de ses mains » (Psaume 19.1). Chaque arbre, chaque oiseau, chaque étoile témoigne de la puissance créatrice et de l'amour de Dieu pour son monde. La nature est comme un tableau majestueux, une symphonie harmonieuse, une poésie sublime, où chaque élément est une touche de génie, une note mélodieuse, un vers inspirant.

Un laboratoire de vertus

En observant la nature, nous apprenons l'humilité, la patience, la persévérance, la gratitude et tant d'autres vertus. Les abeilles, avec leur organisation sociale et leur dévouement à la communauté, nous enseignent le travail en équipe, l'importance de chacun et la nécessité de se dépasser pour le bien du collectif. Les arbres, enracinés dans la terre, nous rappellent notre besoin de stabilité et de croissance, de puiser nos forces dans nos racines et de nous élever vers la lumière. Les oiseaux, qui migrent sur de longues distances, nous montrent le courage, la détermination et la capacité d'adaptation face aux défis.

Un appel à la responsabilité

Dieu, dans sa sagesse infinie, a créé un monde où tout a un but. Chaque créature, chaque élément joue un rôle essentiel dans l'équilibre de l'écosystème. En comprenant ces interconnexions, nous prenons conscience de notre responsabilité de prendre soin de la création et de préserver la beauté du monde qui nous entoure.

Nous sommes appelés à être des intendants fidèles, à protéger les ressources naturelles, à réduire notre empreinte écologique et à promouvoir un développement durable.

Un lieu de rencontre avec le sacré

La nature n'est pas seulement un décor, mais un véritable sanctuaire, un lieu de rencontre avec le sacré. En observant, en écoutant et en respectant le monde naturel, nous nous rapprochons de Dieu et nous découvrons notre place dans son grand plan. Comme le disait saint François d'Assise : « Loué sois-tu, mon Seigneur, par toutes tes créatures, tout spécialement par monsieur frère Soleil, par qui tu nous donnes le jour et qui nous éclaire de sa beauté. »

Un appel à l'action

En conclusion, la nature nous invite à une profonde réflexion sur notre relation avec le monde qui nous entoure et avec notre Créateur. Elle nous rappelle que nous sommes des êtres interdépendants, liés à toutes les formes de vie. En prenant conscience de cette interconnexion, nous pouvons vivre en harmonie avec la nature et contribuer à bâtir un avenir meilleur pour les générations futures.

REFERENCES BIBLIOGRAPHIQUES

Marie-Hellen et Pascal Geoffroy, 40 animaux dans la Bible de aux éditions Passiflores.

<u>Roy Hession,</u> **Le chemin du calvaire (Livre complet)** (Page 6 / 7)

Publié **le 31 janvier, 2014** par Robert Curry *Temps de lecture estimé: 8 minutes*

MARTIN, James. *Becoming who you are: Insights on the true self from Thomas Merton and other saints*. Paulist Press, 2014.

WALDRON, Robert. *Walking with Henri Nouwen: a reflective journey*. Paulist Press, 2003.

WALDRON, Robert G. Walking with Henri Nouwen: a reflective journey. 2003.

HERNANDEZ, Wil. *Mere Spirituality: The Spiritual Life According to Henri Nouwen*. SkyLight Paths Publishing, 2015.

KING, David A. " Fine and Dangerous": Teaching Merton. *CrossCurrents*, 2009, vol. 59, no 1, p. 69-87.

PAINTNER, Christine Valters et WYNKOOP, Lucy. *Lectio divina: Contemplative awakening and awareness*. Paulist Press, 2008.

WADELL, Paul J. et PINCHES, Charles R. *Living vocationally: The journey of the called life*. Wipf and Stock Publishers, 2021.

DEVENISH, Stuart C. *Ordinary Saints: Lessons in the Art of Giving Away Your Life*. Wipf and Stock Publishers, 2017.

PADGETT, Barry L. *Professional Morality and Guilty Bystanding: Merton's Conjectures and the Value of Work*. Cambridge Scholars Publishing, 2008.

LEE, Samuel Seung Yeop. *Central Role of Spiritual Identity in Youth Ministry: Integrating Henri Nouwen's" Life of the Beloved."*. 2022. Thèse de doctorat. Acadia University.

BARDIAU-HUYS, Lucie. L'évolution de la recherche autour du malaise pastoral et la professionnalisation de ce ministère. *Théologie évangélique*, 2015, vol. 14, no 1, p. 1-23.

CURTIN, Susanna. Nature, wild animals and tourism: An experiential view. *Journal of ecotourism*, 2005, vol. 4, no 1, p. 1-15.

AHN, Sun Joo, BOSTICK, Joshua, OGLE, Elise, *et al.* Experiencing nature: Embodying animals in immersive virtual environments increases inclusion of nature in self and involvement with nature. *Journal of Computer-Mediated Communication*, 2016, vol. 21, no 6, p. 399-419.

JACOBY, Karl. Slaves by nature? Domestic animals and human slaves. *Slavery and Abolition*, 1994, vol. 15, no 1, p. 89-99.

VEISSIER, Isabelle et FORKMAN, Björn. The Nature of Animal Welfare Science. *Annual Review of Biomedical Sciences*, 2008, vol. 10.

LENTS, Nathan H. *Not so different: Finding human nature in animals.* Columbia University Press, 2016.

BROWN, Frank A. The rhythmic nature of animals and plants. *American Scientist*, 1959, vol. 47, no 2, p. 147-168.

CASCIO, Carissa J., MOORE, David, et MCGLONE, Francis. Social touch and human development. *Developmental cognitive neuroscience*, 2019, vol. 35, p. 5-11.

LI, Long, DURAND-DE CUTTOLI, Romain, AUBRY, Antonio V., *et al.* Social trauma engages lateral septum circuitry to occlude social reward. *Nature*, 2023, vol. 613, no 7945, p. 696-703.

DAI, Bing, SUN, Fangmiao, TONG, Xiaoyu, *et al.* Responses and functions of dopamine in nucleus accumbens core during social behaviors. *Cell reports*, 2022, vol. 40, no 8.

LENTS, Nathan H. *Not so different: Finding human nature in animals.* Columbia University Press, 2016.

TURNER, Jonathan H. *On human nature: The biology and sociology of what made us human.* Routledge, 2020.

CALARCO, Matthew R. *Animal studies: the key concepts.* Routledge, 2020.

ABRUTYN, Seth. Toward a sociological theory of social pain. *Journal for the Theory of Social Behaviour*, 2023, vol. 53, no 3, p. 351-371.

ABRUTYN, Seth et LIZARDO, Omar. Grief, care, and play: Theorizing the affective roots of the social self. In : *Advances in Group Processes.* Emerald Publishing Limited, 2020. p. 79-108.

CALARCO, Matthew. *The boundaries of human nature: The philosophical animal from Plato to Haraway*. Columbia University Press, 2021.

CASTELLÓ, Pablo Perez. *The language of zoodemocracy: Contesting human sovereignty over animals*. 2022. Thèse de doctorat. Royal Holloway, University of London.

CASTELLÓ, Pablo P. With Haraway and Beyond: Towards an Ecofeminist and Contextual Vegan Ethico-Politics. *Hypatia*, 2024, p. 1-25.

COLISH, Marcia L. *Peter Lombard (2 vols.)*. Brill, 1993.

ROSEMANN, Philipp W., *et al. Peter Lombard*. Oxford : Oxford University Press, 2004.

COLISH, Marcia L. Psalterium Scholastocorum: Peter Lombard and the Emergence of Scholastic Psalms Exegesis. *Speculum*, 1992, vol. 67, no 3, p. 531-548.

VALKENBERG, Pim. *Words of the Living God: Place and Function of Holy Scripture in the Theology of St. Thomas Aquinas*. Peeters Publishers, 2000.

GROSS-DIAZ, Theresa. *The Psalms commentary of Gilbert of Poitiers: from lectio divina to the lecture room*. Brill, 1996.

MALEGAM, Jehangir Yezdi. *The Sleep of Behemoth: disputing peace and violence in medieval Europe, 1000/1200*. Cornell University Press, 2017.

HEYD, Michael. *Be sober and reasonable: the critique of enthusiasm in the seventeenth and early eighteenth centuries*. Brill, 1995.

MEWS, Constant J. *Abelard and Heloise*. Oxford University Press, 2005.

GIANOTTI, Timothy J. *Al-Ghazālī's Unspeakable Doctrine of the Soul: Unveiling the Esoteric Psychology and Eschatology of the Iḥyā'*. Brill, 2001.

CARTON, Y. BIOLOGIE DE PIMPLA INSTIGATOR (ICHNEUMONIDAE: PIMPLINAE) III. Analyse expérimentale du processus de reconnaissance de l'hôte-chrysalide. *Entomologia Experimentalis et Applicata*, 1974, vol. 17, no 2, p. 265-278.

PAULINO, Alexandre Tadeu, SANTOS, Lídia Brizola, et NOZAKI, Jorge. Removal of Pb2+, Cu2+, and Fe3+ from battery manufacture wastewater by chitosan produced from silkworm chrysalides as a low-cost adsorbent. *Reactive and functional polymers*, 2008, vol. 68, no 2, p. 634-642.

BENGHOZI, Pierre. L'ADOLESCENCE IDENTITÉ ET CHRYSALIDE. 1999.

MALAISSE, François, MABOSSY-MOBOUNA, Germain, et LATHAM, Paul. Un Atlas des chenilles et chrysalides consommées en Afrique par l'homme. *Geo-Eco-Trop*, 2017, vol. 41, no 1, p. 55-66.

LECOMTE, Yves et TOURIGNY, Charles. La communauté thérapeutique: deuxième partie: La Chrysalide. *Santé mentale au Québec*, 1983, vol. 8, no 1, p. 122-134.

OTERO, Marcelo, MICHAUD, Audrey-Anne Dumais, et PAUMIER, Romain. *L'institution éventrée: De la socialisation à l'individuation*. PUQ, 2017.

L'ARCHEVÊQUE, Alexandre. Du consentement libre et éclairé: de l'utopie au sens pratique à l'acte de foi «raisonnable». *Nouvelle revue de psychosociologie*, 2023, vol. 35, no 1, p. 71-80.

L'ARCHEVÊQUE, Alexandre et BOURGEOIS-GUÉRIN, Élise. Manger ou être mangé: enjeux cliniques relatifs à l'incorporation dans l'intervention auprès de patients psychotiques adultes. *Filigrane*, 2014, vol. 23, no 2, p. 71-86.

L'ARCHEVÊQUE, Alexandre. Du consentement libre et éclairé: de l'utopie au sens pratique à l'acte de foi «raisonnable». *Nouvelle revue de psychosociologie*, 2023, vol. 35, no 1, p. 71-80.

MAYR, Gerald et MAYR. Paleogene fossil birds. 2009.

OLSON, Storrs L. The fossil record of birds. *Avian biology*, 1985.

HUTCHINSON, JOHN R. The evolution of femoral osteology and soft tissues on the line to extant birds (Neornithes). *Zoological Journal of the Linnean Society*, 2001, vol. 131, no 2, p. 169-197.

VILLA, Andrea, CARNEVALE, Giorgio, PAVIA, Marco, *et al.* An overview of the late Miocene vertebrates from the fissure fillings of Monticino Quarry (Brisighella, Italy), with new data on non-mammalian taxa. *Rivista Italiana di Paleontologia e Stratigrafia*, 2021, vol. 2, p. 297-354.

FARNER, Donald S., KING, James R., et PARKES, Kenneth C. (ed.). *Avian biology*. Academic press, 2012.

GRIFFIN, Christopher T., STOCKER, Michelle R., COLLEARY, Caitlin, *et al.* Assessing ontogenetic maturity in extinct saurian reptiles. *Biological Reviews*, 2021, vol. 96, no 2, p. 470-525.

CULLEN, Thomas M., BROWN, Caleb M., CHIBA, Kentaro, *et al.* Growth variability, dimensional scaling, and the interpretation of osteohistological growth data. *Biology Letters*, 2021, vol. 17, no 11, p. 20210383.

SPIEKMAN, Stephan NF, EZCURRA, Martín D., BUTLER, Richard J., *et al.* Pendraig milnerae, a new small-sized coelophysoid theropod from the Late Triassic of Wales. *Royal Society open science*, 2021, vol. 8, no 10, p. 210915.

WEBOGRAPHIE

1. www.ebiblefellowship.com

www.ebiblefellowship.com

https://bible.knowing-jesus.com/Fran%C3%A7ais/topics/Lire-La-Bible

.https://bible.knowing-jesus.com/Fran%C3%A7ais/topics/Meditation

https://dailyverses.net/fr/adoration

.https://bible.knowing-jesus.com/Fran%C3%A7ais/topics/Servir-Des-Gens

https://dailyverses.net/fr/communaute

https://dailyverses.net/fr/priere

www.calameo.com/books/00624352055186c049041

fr.scribd.com/document/508886909/The-Book-That-Changed-My-Life-by-Mike-Murdock-z-lib-org-NoRestriction-FR

www.calameo.com/books/00624352055186c049041

www.lueur.org/textes/la-consecration.html

Buy your books fast and straightforward online - at one of world's fastest growing online book stores! Environmentally sound due to Print-on-Demand technologies.

Buy your books online at
www.morebooks.shop

Achetez vos livres en ligne, vite et bien, sur l'une des librairies en ligne les plus performantes au monde!
En protégeant nos ressources et notre environnement grâce à l'impression à la demande.

La librairie en ligne pour acheter plus vite
www.morebooks.shop

Printed by Books on Demand GmbH, Norderstedt / Germany